Karl Marx kämpfte nicht nur gegen das Kapital, sondern auch gegen allerlei Widrigkeiten des modernen Lebens. Er watschte »breitmäulige Faselhänse« ab, prangerte den Raubbau an der Natur an und sinnierte über die Aussichten auf eine »höhere Form der Familie und des Verhältnisses beider Geschlechter«. Er rang in seinen Schriften mit dem Elend einer Welt des Mangels inmitten von Überfluss, einer Welt voller Steuereintreiber und verschuldeter Staaten, verunreinigter Flüsse und erschöpfter Böden, gefangener Tiere und freier Lohnarbeiter, platter Politökonomen und selbstlobhudelnder Sozialisten.

Geistreiche und kritische Kommentare aus dem Marx'schen Schaffen zur Arbeit, Natur und Familie, zu Deutschland, Krise, Staat und Kapital versammelt dieser Band.

Karl Marx wurde am 5.5.1818 in Trier geboren und starb am 14.3.1883 in London. Er lebte in Trier, Bonn, Berlin, Köln, Paris, Brüssel und ab 1849 in London als Philosoph, Ökonom und Gesellschaftskritiker. Werke u.a.: *Die deutsche Ideologie, Manifest der Kommunistischen Partei* (beide gemeinsam mit Friedrich Engels), *Der achtzehnte Brumaire des Louis Bonaparte, Zur Kritik der politischen Ökonomie, Das Kapital.*

Timm Graßmann, geboren 1984 in Berlin, ist Wissenschaftlicher Mitarbeiter der Marx-Engels-Gesamtausgabe (MEGA) und Redakteur des Marx-Engels-Jahrbuchs.

insel taschenbuch 4638
Kapitales von Karl Marx

Kapitales von
KARL MARX

Herausgegeben und
mit einem Nachwort versehen von
Timm Graßmann

Insel Verlag

Erste Auflage 2018
insel taschenbuch 4638
© Insel Verlag Berlin
Vertrieb durch den Suhrkamp Taschenbuch Verlag
Umschlagabbildung: Hans Traxler, Frankfurt am Main
Satz: Satz-Offizin Hümmer GmbH, Waldbüttelbrunn
Druck: CPI – Eber & Spiegel, Ulm
Printed in Germany
ISBN 978-3-458-36338-5

INHALT

DEUTSCHLAND

Krieg den deutschen Zuständen! Allerdings!

(MEGA I/2, 172; MEW 1, 380)

Ich reise jetzt in Holland. Soviel ich aus den hiesigen und französischen Zeitungen sehe, ist Deutschland tief in den Dreck hineingeritten und wird es noch immer mehr. Ich versichere Sie, wenn man auch nichts weniger als Nationalstolz fühlt, so fühlt man doch Nationalscham, sogar in Holland. Der kleinste Holländer ist noch ein Staatsbürger gegen den größten Deutschen.

(MEGA I/2, 471; MEW 1, 337)

Ich dehne diesen Band mehr aus, da die deutschen Hunde den Wert der Bücher nach dem Kubikinhalt schätzen.

(An Engels, 18. Juni 1862; MEGA III/12, 136; MEW 30, 248)

Du verstehst, my dear fellow, dass in einem Werke wie meinem, manche shortcomings im Détail existieren müssen. Aber die Komposition, der Zusammenhang, ist ein Triumph der deutschen Wissenschaft, den ein einzelner Deutscher eingestehn kann, da es in no way sein Verdienst ist, vielmehr der Nation gehört. Dies umso erfreulicher, da es sonst die silliest[1] nation unter dem Sonnenlicht!

(An Engels, 20. Februar 1866; MEW 31, 182)

Die Heftigkeit, womit die Bourgeoisblätter in Deutschland entweder meinen Tod, oder doch den unvermeidlich nahen Eintritt desselben, verkündet haben, hat mich sehr amüsiert, und ihnen zulieb muss sich »der mit der Welt zerfahrene Mann« notwendig wieder aktionsfähig machen.

(An Laura Lafargue, 4. Januar 1882; MEW 35, 256)

Die breimäuligen Faselhänse der deutschen Vulgärökonomie schelten Stil und Darstellung meiner Schrift. Niemand kann die literarischen Mängel des »Kapital« strenger beurteilen als ich selbst. Dennoch will ich, zu Nutz und Freud dieser Herren und ihres Publikums, hier ein englisches und ein russisches Urteil zitieren. Die meinen Ansichten durchaus feindliche Saturday Review sagte in ihrer Anzeige der ersten deutschen Ausgabe: Die Darstellung »verleiht auch den trockensten ökonomischen Fragen einen eignen Reiz (charm)«. Die St.-Petersburger Zeitung bemerkt in ihrer Nummer vom 20. April 1872 u.a.: »Die Darstellung mit Ausnahme weniger zu spezieller Teile

---

1 dümmste

zeichnet sich aus durch Allgemeinverständlichkeit, Klarheit und, trotz der wissenschaftlichen Höhe des Gegenstands, ungewöhnliche Lebendigkeit. In dieser Hinsicht gleicht der Verfasser ... auch nicht von fern der Mehrzahl deutscher Gelehrten, die ... ihre Bücher in so verfinsterter und trockner Sprache schreiben, dass gewöhnlichen Sterblichen der Kopf davon kracht.« Den Lesern der zeitläufigen deutsch-national-liberalen Professoralliteratur kracht jedoch etwas ganz andres als der Kopf.

(MEGA II/6, 704; MEW 23, 22)

[...] auf die *kleinbürgerlich-deutsche* Vorstellung von der *Allmacht* des Staats, [...] kann man uns nicht zumuten, weiter einzugehn.

(MEGA I/5, 414; MEW 3, 341)

Überhaupt sehen diese deutschen Philosophen ihre eigne kleine Lokalmisere für welthistorisch an.

(MEGA I/5, 1289; MEW 3, 355)

Die politische Ökonomie blieb in Deutschland bis zu dieser Stunde eine ausländische Wissenschaft. Gustav von Gülich hat [...] großenteils schon die historischen Umstände erörtert, welche die Entwicklung der kapitalistischen Produktionsweise bei uns hemmten, daher auch den Aufbau der modernen bürgerlichen

Gesellschaft. Es fehlte also der lebendige Boden der politischen Ökonomie. Sie ward als fertige Ware importiert aus England und Frankreich; ihre deutschen Professoren blieben Schüler. Der theoretische Ausdruck einer fremden Wirklichkeit verwandelte sich unter ihrer Hand in eine Dogmensammlung, von ihnen gedeutet im Sinn der sie umgebenden kleinbürgerlichen Welt, also missdeutet. Das nicht ganz unterdrückbare Gefühl wissenschaftlicher Ohnmacht und das unheimliche Gewissen, auf einem in der Tat fremdartigen Gebiet schulmeistern zu müssen, suchte man zu verstecken unter dem Prunk literarhistorischer Gelehrsamkeit oder durch Beimischung fremden Stoffes.

(MEGA II/6, 701; MEW 23, 19)

[Max] Stirners »Mann« kommt als Deutscher zu Allem sehr spät. (MEGA I/5, 174; MEW 3, 108)

Ja, die deutsche Geschichte schmeichelt sich einer Bewegung, welche ihr kein Volk am historischen Himmel weder vorgemacht hat, noch nachmachen wird. Wir haben nämlich die Restaurationen der modernen Völker geteilt, ohne ihre Revolutionen zu teilen. Wir wurden restauriert, erstens, weil andere Völker eine Revolution wagten, und zweitens, weil andere Völker eine Konterrevolution litten, das eine Mal, weil unsere Herren Furcht hatten, und das andere Mal, weil unsere Herren keine Furcht hatten. Wir, unsere Hirten an der Spitze, befanden uns immer nur einmal in der Gesellschaft der Freiheit, am *Tag ihrer Beerdigung.*

(MEGA I/2, 171/172; MEW 1, 379/380)

Das Zeug wird ebenso langsam fertig wie Deutschland. (An Engels, 7. Mai 1867; MEW 31, 298)

Komplettere Esel als diese deutschen Arbeiter gibt es wohl nicht.

(An Engels, 20. Juli 1852; MEGA III/5, 151; MEW 28, 93)

Kugelmann hat mir zu meinem Geburtstag zwei Stück Tapete aus dem Arbeitszimmer von [Gottfried Wilhelm] Leibniz geschickt, was mich sehr amüsiert hat. Nämlich L[eibniz'] Haus ist niedergerissen worden letzten Winter und die dummen Hannoveraner – die in London ein Geschäft mit den Reliquien hätten machen können – haben alles weggeschmissen.

(An Engels, 10. Mai 1870; MEW 32, 504)

Netter Kerl, obgleich etwas sächselnd.

(An Engels, 13. April 1867; MEW 31, 288)

Die Kölner haben schön mit meiner Bibliothek ge-
wirtschaftet. Den ganzen Fourrier gestohlen, ditto
Göthe, ditto Herder, ditto Voltaire und was mir das
Scheußlichste, die »Economistes du 18e siècle« (ganz
neu, kosteten mir an 500 fcs) und viele Bände der
griechischen Klassiker.

(An Engels, 27. Februar 1861; MEGA III/11, 380; MEW 30, 160)

Es ist mir unmöglich den Schmerz zu schildern, womit mich die Nachricht von dem Hinscheiden des
teuren, unvergesslichen Roland [Daniels] erfüllt hat.
[...] Daniels mitten unter den Kölnern erschien mir
stets wie eine griechische Götterstatue, die ein launi-
scher Zufall unter einen Haufen von Hottentotten
geworfen habe. [...] Hoffentlich werden die Verhältnisse einmal gestatten an den Schuldigen, die seine
Laufbahn abgekürzt haben, ernstere Rache zu nehmen als die eines Nekrologs.

(An Amalie Daniels, 6. September 1855; MEGA III/7, 205;
MEW 28, 618)

Aber in diesem Gasthof gab's nur noch ein freies Zim-
mer, und zugleich kündete uns der Wirt die schauer-
liche Mär, dass wir schwerlich anderswo ein Unterkom-
men finden würden, indem die Stadt überschwemmt
sei, teils infolge eines Müller- und Bäckerkongresses,
teils durch Leute aus allen Weltteilen, die sich von

dort zu dem Bayreuther Narrenfest des Staatsmusi-
kanten [Richard] Wagner begeben wollten.

(An Engels, 19. August 1876; MEW 34, 23)

Allüberall wird man mit der Frage gequält: Was denken Sie von [Richard] Wagner? Höchst charakteristisch für diesen neudeutsch-preußischen Reichsmusi-
kanten: Er nebst Gattin (der von Bülow sich getrennt
habenden), nebst Hahnrei Bülow, nebst ihnen gemein-
schaftlichem Schwiegervater Liszt hausen in Bayreuth
alle vier einträchtig zusammen, herzen, küssen und
adorieren sich und lassen sich's wohl sein. Bedenkt
man nun außerdem, dass Liszt römischer Mönch
und Madame Wagner (Cosima mit Vornamen) seine von Madame d'Agoult (Daniel Stern) gewonnene
»natürliche« Tochter ist – so kann man kaum einen
besseren Operntext für Offenbach ersinnen als diese
Familiengruppe mit ihren patriarchalischen Beziehungen.

(An Jenny Longuet, Ende August/Anfang September 1876;
MEW 34, 193)

Wir befinden uns jetzt mitten in Deutschland! Wir
werden Metaphysik treiben müssen, wo und während
wir politische Ökonomie treiben. [...] Wenn der Engländer die Menschen in Hüte verwandelt, so verwandelt der Deutsche die Hüte in Ideen. Der Engländer

ist Ricardo, der reiche Bankier und ausgezeichnete Ökonom. Der Deutsche ist Hegel, simpler Professor der Philosophie an der Universität zu Berlin.

(MEGA I/30, 287; MEW 4, 125)

Der deutsche Bürger ist selbst religiös, wo er industriell ist. Er scheut sich, von schlechten Tauschwerten, nach denen er lungert, zu sprechen und spricht von Produktivkräften, er scheut sich, von Konkurrenz zu sprechen, und spricht von einer nationalen Konföderation der nationalen Produktivkräfte, er scheut sich, von seinem Privatinteresse zu sprechen, und spricht vom Nationalinteresse.

(Entwurf über Friedrich List)

Charakteristisch ist es endlich für Herrn Lists Theorie, wie für das ganze deutsche Bürgertum, dass sie zur Verteidigung ihrer Exploitationswünsche überall genötigt ist, zu »sozialistischen« Phrasen ihre Zuflucht zu nehmen.

(Entwurf über Friedrich List)

Der deutsche idealisierende Philister, der reich werden will, muss sich natürlich vorher erst eine neue Theorie des Reichtums schaffen, die letztem würdig macht, von ihm erstrebt zu werden. Die Bürger in Frankreich und England sehn das Ungewitter herannahen, das das wirkliche Leben dessen, was man bisher Reichtum nannte, praktisch vernichten wird, und der deutsche Bürger, der noch nicht zu diesem schlechtem Reichtum gekommen ist, versucht eine neue »spiritualistische« Interpretation desselben. Er schafft sich eine »idealisierende« Ökonomie, die nichts gemein hat mit der profanen französischen und englischen Ökonomie, um sich vor sich und der Welt zu rechtfertigen, dass er auch reich werden will.

(Entwurf über Friedrich List)

Der deutsche Philister zeigt hier in vielfacher Weise seinen »nationalen« Charakter. 1) Er sieht in der ganzen Ökonomie nichts als Systeme, die auf den Studierstuben ausgeheckt sind. Dass die Entwicklung einer Wissenschaft wie die der Ökonomie mit der wirklichen Bewegung der Gesellschaft zusammenhängt oder nur ihr theoretischer Ausdruck ist, ahnt Herr List natürlich nicht. Deutscher Theoretiker.

(Entwurf über Friedrich List)

Weil seine eigne Theorie einen geheimen Zweck verbirgt, ahnt er überall geheime Zwecke. Als echt deutscher Philister sucht Herr List, statt die wirkliche Geschichte zu studieren, nach den geheimen schlechten Zwecken der Individuen und weiß sich viel mit seiner Pfiffigkeit, diese herauszugrübeln. Er macht große Entdeckungen in der Art, dass Adam Smith mit seiner Theorie die Welt täuschen wollte und dass die übrige Welt sich von ihm täuschen ließ, bis der große Herr List sie aus ihrem Traum erlöste [...].

(Entwurf über Friedrich List)

Es kann [Herrn List] nirgends einfallen, dass die Nationalökonomen nur diesem gesellschaftlichen Zustand einen entsprechenden theoretischen Ausdruck gegeben haben. Er müsste sich ja sonst gegen die jetzige Organisation der Gesellschaft, statt gegen die Nationalökonomen wenden. Er klagt sie an, keinen beschönigenden Ausdruck für eine trostlose Wirklichkeit gefunden zu haben. Er will diese Wirklichkeit daher überall lassen, wie sie ist, und nur den Ausdruck verändern. Er kritisiert nirgends die wirkliche Gesellschaft, er kritisiert als echter Deutscher den theoretischen Ausdruck dieser Gesellschaft und wirft ihm vor, die Sache und nicht die Einbildung von der Sache auszudrücken.

(Entwurf über Friedrich List)

Es ist bekannt, wie die Mönche Manuskripte, worauf die klassischen Werke der alten Heidenzeit verzeichnet waren, mit abgeschmackten katholischen Heiligengeschichten überschrieben. Die deutschen Literaten gingen umgekehrt mit der profanen französischen Literatur um. Sie schrieben ihren philosophischen Unsinn hinter das französische Original. Z. B. hinter die französische Kritik der Geldverhältnisse schrieben sie ›Entäußerung des menschlichen Wesens‹, hinter die französische Kritik des Bourgeoisstaates schrieben sie ›Aufhebung der Herrschaft des abstrakt Allgemeinen‹ usw. (MEW 4, 486)

Am Dienstagabend führten mich Lassalle und die Gräfin in ein Berliner Theater, wo eine Berliner Komödie voller preußischer Selbstverherrlichung aufgeführt wurde. Es war alles in allem eine widerliche Angelegenheit. Am Mittwochabend zwangen sie mich, der Vorführung eines Balletts im Opernhaus beizuwohnen. Wir hatten eine Loge für uns an der Seite [...] der Königs-»Loge«. Solch ein Ballett ist charakteristisch für Berlin. Es bildet nicht – wie in Paris oder in London – ein *entrejeu*[2] oder den Abschluss einer Oper, sondern füllt den ganzen Abend aus, ist in mehrere Akte aufgeteilt etc. Von den Darstellern wird nicht eine Silbe gesprochen, sondern alles wird durch Gebärden angedeutet. Es ist in der Tat todlangweilig.

(An Nanette Philips, 24. März 1861; MEGA III/11, 404;
MEW 30, 590)

2 Zwischenspiel

In Deutschland wird Alles gewaltsam unterdrückt, eine wahre Anarchie des Geistes, das Regiment der Dummheit selbst ist hereingebrochen.

(MEGA I/2, 486; MEW 1, 343)

Gutmütige Enthusiasten dagegen, Deutschtümler von Blut und Freisinnige von Reflexion, suchen unsere Geschichte der Freiheit jenseits unserer Geschichte in den teutonischen Urwäldern. Wodurch unterscheidet sich aber unsere Freiheitsgeschichte von der Freiheitsgeschichte des Ebers, wenn sie nur in den Wäldern zu finden ist?   (MEGA I/2, 172; MEW 1, 380)

[I]m Handgemenge handelt es sich nicht darum, ob der Gegner ein edler, ebenbürtiger, ein *interessanter* Gegner ist, es handelt sich darum, ihn zu *treffen*. Es handelt sich darum, den Deutschen keinen Augenblick der Selbsttäuschung und Resignation zu gönnen. Man muss den wirklichen Druck noch drückender machen, indem man ihm das Bewusstsein des Drucks hinzufügt, die Schmach noch schmachvoller, indem man sie publiziert. Man muss jede Sphäre der deutschen Gesellschaft als die *partie honteuse* der deutschen Gesellschaft schildern, man muss diese versteinerten Verhältnisse dadurch zum Tanzen zwingen, dass man ihnen ihre eigne Melodie vorsingt!

(MEGA I/2, 173; MEW 1, 381)

Die Deutschen sind von Natur devotest, allerunter-
tänigst, ehrfurchtsvollst. Aus lauter Respekt vor den
Ideen verwirklichen sie dieselben nicht.

(MEGA I/1, 160; MEW 1, 68)

Keinem von diesen [deutschen] Philosophen ist es ein-
gefallen, nach dem Zusammenhange der deutschen
Philosophie mit der deutschen Wirklichkeit [...] zu
fragen.

(MEGA I/5, 7; MEW 3, 20)

Wie die Philosophie im Proletariat ihre *materiellen*,
so findet das Proletariat in der Philosophie seine
geistigen Waffen und sobald der Blitz des Gedankens
gründlich in diesen naiven Volksboden eingeschla-
gen ist, wird sich die Emanzipation der *Deutschen* zu
Menschen vollziehen.

(MEGA I/2, 182; MEW 1, 391)

DIALEKTIK

[A]lle Wissenschaft wäre überflüssig, wenn die Erscheinungsform und das Wesen der Dinge unmittelbar zusammenfielen.

(MEGA II/4.2, 721; MEW 25, 825)

Es gibt keine Landstraße für die Wissenschaft, und nur diejenigen haben Aussicht, ihre lichten Höhen zu erreichen, die die Mühe nicht scheuen, ihre steilen Pfade zu erklimmen. (MEGA II/7, 9; MEW 23, 31)

Allerdings muss sich die Darstellungsweise formell von der Forschungsweise unterscheiden. Die Forschung hat den Stoff sich im Detail anzueignen, seine verschiednen Entwicklungsformen zu analysieren und deren innres Band aufzuspüren. Erst nachdem diese Arbeit vollbracht, kann die wirkliche Bewegung entsprechend dargestellt werden. Gelingt dies und spiegelt sich nun das Leben des Stoffs ideell wider, so mag es aussehn, als habe man es mit einer Konstruktion a priori zu tun.

(MEGA II/6, 709; MEW 23, 27)

Ich kann mich aber nicht entschliessen irgend etwas wegzuschicken, bevor das Ganze vor mir liegt. Whatever shortcomings they may have, das ist der Vorzug meiner Schriften, dass sie ein artistisches Ganzes sind, und das ist nur erreichbar mit meiner Weise, sie nie drucken zu lassen, bevor sie *ganz* vor mir liegen. Mit der Jakob Grimm'schen Methode ist dies unmöglich und geht überhaupt besser für Schriften, die kein dialektisch Gegliedertes sind.

(An Engels, 31. Juli 1865; MEGA III/13, 510; MEW 31, 132)

Meine dialektische Methode ist der Grundlage nach von der Hegel'schen nicht nur verschieden, sondern ihr direktes Gegenteil. Für Hegel ist der Denkprozess, den er sogar unter dem Namen Idee in ein selbständiges Subjekt verwandelt, der Demiurg des Wirklichen, das nur seine äußere Erscheinung bildet. Bei mir ist umgekehrt das Ideelle nichts andres als das im Menschenkopf umgesetzte und übersetzte Materielle.   (MEGA II/6, 709; MEW 23, 27)

So ist für Hegel alles, was geschehen ist und noch geschieht, genau das, was in seinem eigenen Denken vor sich geht. So ist die Philosophie der Geschichte nur mehr die Geschichte der Philosophie, seiner eigenen Philosophie.   (MEGA I/30, 290; MEW 4, 128/129)

In ihrer mystifizierten Form ward die Dialektik deutsche Mode, weil sie das Bestehende zu verklären schien.

In ihrer rationellen Gestalt ist sie Bürgertum und seinen doktrinären Wortführern ein Ärgernis und ein Gräuel, weil sie in dem positiven Verständnis des Bestehenden zugleich auch das Verständnis seiner Negation, seines notwendigen Untergangs einschließt, jede gewordne Form im Flusse der Bewegung, also auch nach ihrer vergänglichen Seite auffasst, sich durch nichts imponieren lässt, ihrem Wesen nach kritisch und revolutionär ist. Die widerspruchsvolle Bewegung der kapitalistischen Gesellschaft macht sich dem praktischen Bourgeois am schlagendsten fühlbar in den Wechselfällen des periodischen Zyklus, den die moderne Industrie durchläuft, und deren Gipfelpunkt – die allgemeine Krise. Sie ist wieder im Anmarsch, obgleich noch begriffen in den Vorstadien, [und wird] durch die Allseitigkeit ihres Schauplatzes, wie die Intensität ihrer Wirkung, selbst den Glückspilzen des neuen heiligen, preußisch-deutschen Reichs Dialektik einpauken.

(MEGA II/6, 709/710; MEW 23, 27/28)

Hegel bemerkt irgendwo, dass alle großen weltgeschichtlichen Tatsachen und Personen sich sozusagen zweimal ereignen. Er hat vergessen hinzuzufügen: das eine Mal als Tragödie, das andre Mal als lumpige Farce. [...] Die Menschen machen ihre eigene Geschichte, aber sie machen sie nicht aus freien Stü-

cken, nicht unter selbstgewählten, sondern unter unmittelbar vorhandenen, gegebenen und überliefer-
ten Umständen. Die Tradition aller toten Geschlechter lastet wie ein Alp auf dem Gehirne der Lebenden.
(MEGA I/11, 96/97; MEW 8, 115)

Die Ökonomen stellen die bürgerlichen Produktionsverhältnisse, Arbeitsteilung, Kredit, Geld etc., als fixe,
unveränderliche, ewige Kategorien hin. [...] Die Ökonomen erklären uns, wie man unter den obigen gegebenen Verhältnissen produziert; was sie uns aber
nicht erklären, ist, wie diese Verhältnisse selbst produziert werden. (MEGA I/30, 288; MEW 4, 126)

Philosophie & Studium der wirklichen Welt verhalten sich zu einander wie Onanie & Geschlechtsliebe.
(MEGA I/5, 291; MEW 3, 218)

Mit Ausnahme des Abschnitts über die *Wertform* wird
man daher dies Buch nicht wegen Schwerverständ-
lichkeit anklagen können. Ich unterstelle natürlich
Leser, die etwas Neues lernen, also auch selbst denken wollen. (MEGA II/5, 12; MEW 23, 12)

Die Philosophen haben die Welt nur verschieden *interpretiert*, es kömmt drauf an sie zu *verändern*.
(MEGA IV/3, 21; MEW 3, 7)

Für die Philosophen ist es eine der schwierigsten Aufgaben, aus der Welt des Gedankens in die wirkliche Welt herabzusteigen. Die unmittelbare Wirklichkeit des Gedankens ist die *Sprache.* Wie die Philosophen das Denken verselbständigt haben, so mussten sie die Sprache zu einem eignen Reich verselbständigen. Dies ist das Geheimnis der philosophischen Sprache, worin die Gedanken als Worte einen eignen Inhalt haben. Das Problem, aus der Welt der Gedanken in die wirkliche Welt herabzusteigen, verwandelt sich in das Problem, aus der Sprache ins Leben herabzusteigen.

(MEGA I/5, 503; MEW 3, 432)

Während im gewöhnlichen Leben jeder Shopkeeper sehr wohl zwischen dem zu unterscheiden weiß, was Jemand zu sein vorgibt, & dem, was er wirklich ist, so ist unsre Geschichtsschreibung noch nicht zu dieser trivialen Erkenntnis gekommen. Sie glaubt jeder Epoche aufs Wort, was sie von sich selbst sagt & sich einbildet. (MEGA I/5, 66; MEW 3, 49)

Die Gedanken der herrschenden Klasse sind in jeder Epoche die herrschenden Gedanken, d. h. die Klasse, welche die herrschende *materielle* Macht der Gesellschaft ist, ist zugleich ihre herrschende *geistige* Macht. [...] Die herrschenden Gedanken sind weiter Nichts als der ideelle Ausdruck der herrschenden materiellen Verhältnisse, die als Gedanken gefassten herrschenden materiellen Verhältnisse; also der Verhältnisse, die eben die eine Klasse zur herrschenden machen, also die Gedanken ihrer Herrschaft.

(MEGA I/5, 60; MEW 3, 46)

Zur Vermeidung möglicher Missverständnisse ein Wort. Die Gestalten von Kapitalist und Grundeigentümer zeichne ich keineswegs in rosigem Licht. Aber es handelt sich hier um *die Personen* nur, soweit sie *die Personifikation ökonomischer Kategorien sind, Träger von bestimmten Klassenverhältnissen und Interessen.* Weniger als jeder andere kann mein Standpunkt, der die *Entwicklung der ökonomischen Gesellschaftsformation* als einen *naturgeschichtlichen Prozess* auffasst, den einzelnen verantwortlich machen für Verhältnisse, deren Geschöpf er sozial bleibt, sosehr er sich auch subjektiv über sie erheben mag.

(MEGA II/5, 14; MEW 23, 16)

Es ist möglich, dass ich mich blamiere. Indes ist dann immer mit einiger Dialektik wieder zu helfen. Ich habe natürlich meine Aufstellungen so gehalten, dass ich im umgekehrten Fall auch Recht habe.

(An Engels, 15. August 1857; MEGA III/8, 140/141; MEW 29, 161)

FAMILIE

Der gesellschaftliche Fortschritt lässt sich exakt messen an der gesellschaftlichen Stellung des schönen Geschlechts (die Hässlichen eingeschlossen).

(An Kugelmann, 12. Dezember 1868; MEW 32, 583).

Die feigsten, widerstandsunfähigsten Menschen werden unerbittlich, sobald sie die absolute elterliche Autorität geltend machen können. Der Missbrauch derselben ist gleichsam ein roher Ersatz für die viele Unterwürfigkeit und Abhängigkeit, denen sie sich in der bürgerlichen Gesellschaft mit oder wider Willen unterwerfen.

(Vom Selbstmord)

Es ist jedoch nicht der Missbrauch der elterlichen Gewalt, der die direkte oder indirekte Exploitation unreifer Arbeitskräfte durch das Kapital schuf, sondern es ist umgekehrt die kapitalistische Exploitationsweise, welche die elterliche Gewalt, durch Aufhebung der ihr entsprechenden ökonomischen Grundlage, zu einem Missbrauch gemacht hat.

(MEGA II/5, 401; MEW 23, 514)

Die materialistische Lehre von Veränderung der Umstände und der Erziehung vergisst, dass die Umstände von den Menschen verändert und der Erzieher selbst erzogen werden muss.

(MEGA IV/3, 30; MEW 3, 5/6)

Das unglückliche Weib war zur unerträglichsten Sklaverei verurteilt [...], gestützt auf einen gesellschaftlichen Zustand, der die Liebe unabhängig macht von den freien Empfindungen der Liebenden und dem eifersüchtigen Ehemann gestattet, seine Frau mit Schlössern zu umgeben, wie dem Geizhals seinen Geldkoffer; denn sie bildet nur einen Teil seines Inventariums.

(Vom Selbstmord)

Das Privateigentum hat uns so dumm und einseitig gemacht, dass ein Gegenstand erst der *unsrige* ist, wenn wir ihn haben, also als Kapital für uns existiert, oder von uns unmittelbar besessen, gegessen, getrunken, an unsrem Leib getragen, von uns bewohnt etc, kurz, *gebraucht* wird. [...] An die Stelle *aller* physischen und geistigen Sinne ist daher die einfache Entfremdung *aller* dieser Sinne, der Sinn des *Habens* getreten. Auf diese absolute Armut musste das menschliche Wesen reduziert werden, damit es seinen innern Reichtum aus sich herausgebäre.

(MEGA I/2, 392/393; MEW 40)

Wir selbst sind von dem wahren Eigentum ausgeschlossen, weil unser Eigentum den andern Menschen ausschließt. (MEGA IV/2, 464)

Mit dem Kultus des Weibes verhält es sich gerade wie mit dem Naturkultus. Es versteht sich von selbst, dass Herr [Georg Friedrich] Daumer nicht ein Wort von der gegenwärtigen gesellschaftlichen Stellung der Frauen sagt, dass es sich im Gegenteil bloß um das Weib als solches handelt. Er sucht die Frauen über ihre bürgerliche Misere dadurch zu trösten, dass er ihnen einen ebenso leeren wie geheimnisvoll tuenden Phrasenkultus widmet. So beruhigt er sie damit, dass ihre Talente mit der Ehe aufhören, da sie dann mit den Kindern zu tun haben [...]. Herr Daumer nennt dies »Hingebung des Männlichen an das Weibliche«. Um nun die benötigten idealen Frauengestalten für seine männliche Hingebung in seinem Vaterlande zu finden, ist er gezwungen, zu verschiedenen aristokratischen Damen des vorigen Jahrhunderts seine Zuflucht zu nehmen.

(MEGA I/10, 201; MEW 7, 202/203)

Die Bourgeoisie hat dem Familienverhältnis seinen rührend-sentimentalen Schleier abgerissen und es auf ein reines Geldverhältnis zurückgeführt.

(MEW 4, 464)

Von meiner Alten erhielt ich gestern Antwort. Nichts als »zärtliche« Redensarten, but no cash. Außerdem teilt sie mir mit, was ich längst wusste, dass sie 75 Jahre alt ist und manche Gebresten des Alters fühlt.

(An Engels, 6. November 1861; MEGA III/11, 588; MEW 30, S. 198)

Meinem Onkel habe ich zunächst 160£ abgepresst, so dass wir den größten Teil unsrer Schulden abzahlen konnten. Meine Mutter, bei der von barem Geld nicht die Rede ist, die aber rasch ihrer Auflösung entgegengeht, hat einige frühere Schuldscheine, die ich ihr ausgestellt, vernichtet. Das war ein ganz angenehmes Resultat der zwei Tage, die ich bei ihr zubrachte.

(An Engels, 7. Mai 1861; MEGA III/11, 458; MEW 30, 161/162)

Vor 2 Stunden kam Telegramm, dass meine Mutter tot ist. Das Schicksal verlangte Einen vom Hause. Ich selbst stand schon mit einem Fuß unter der Erde. Unter den gegebnen Verhältnissen ich jedenfalls noch nötiger als die Alte.

(An Engels, 2. Dezember 1863; MEGA III/12, 448; MEW 30, 376)

[Ludwig Feuerbach] kennt keine andern »menschlichen Verhältnisse« »des Menschen zum Menschen«, als Liebe & Freundschaft, und zwar idealisiert. Gibt keine Kritik der jetzigen Liebesverhältnisse.

(MEGA I/5, 25)

[Robert] Owen sucht in diesem Appendix seine lectures dahin auszulegen, dass sie nicht gegen die Ehe überhaupt, sondern nur gegen die (Scheidung nicht zulassende) Priesterehe gerichtet sind. Offenbar jesuitisch!

(MEGA IV/5, 103)

In dem Verhältnis zum *Weib,* als dem *Raub* und der Magd der gemeinschaftlichen Wollust, ist die unendliche Degradation ausgesprochen, in welcher der Mensch für sich selbst existiert.

(MEGA I/2, 388; MEW 40, 535)

Das unmittelbare, natürliche, notwendige Verhältnis des Menschen zum Menschen ist das *Verhältnis des Mannes* zum *Weibe.* In diesem *natürlichen* Gattungsverhältnis ist das Verhältnis des Menschen zur Natur unmittelbar sein Verhältnis zum Menschen, wie das Verhältnis zum Menschen unmittelbar sein Verhältnis zur Natur, seine eigne *natürliche* Bestimmung ist. In diesem Verhältnis *erscheint* also *sinnlich,* auf ein anschaubares *Faktum* reduziert, inwieweit dem Menschen das menschliche Wesen zur Natur oder die Natur zum menschlichen Wesen des Menschen geworden ist. Aus diesem Verhältnis kann man also die ganze Bildungsstufe des Menschen beurteilen.

(MEGA I/2, 388; MEW 40, 535)

Wenn du liebst, ohne Gegenliebe hervorzurufen, d.h., wenn dein Lieben als Lieben nicht die Gegenliebe produziert, wenn du durch deine *Lebensäußerung* als liebender Mensch dich nicht zum *geliebten Menschen* machst, so ist deine Liebe ohnmächtig, ein Unglück.

(MEGA I/2, 322; MEW 40, 567)

[D]er junge Bourgeois macht sich von seiner eignen Familie unabhängig, wenn er kann, löst für sich die Familie praktisch auf; aber die Ehe, das Eigentum, die Familie bleiben theoretisch unangetastet, weil sie praktisch die Grundlagen sind, auf denen die Bourgeoisie ihre Herrschaft errichtet hat, weil sie in ihrer Bourgeoisform die Bedingungen sind, die den Bourgeois zum Bourgeois machen.

(MEGA I/5, 233; MEW 3, 164)

Worauf beruht die gegenwärtige, die bürgerliche Familie? Auf dem Kapital, auf dem Privaterwerb. Vollständig entwickelt existiert sie nur für die Bourgeoisie; aber sie findet ihre Ergänzung in der erzwungenen Familienlosigkeit der Proletarier und der öffentlichen Prostitution. Die Familie der Bourgeois fällt natürlich weg mit dem Wegfallen dieser ihrer Ergänzung, und beide verschwinden mit dem Verschwinden des Kapitals. (MEW 4, 478)

Werft ihr uns vor, dass wir die Ausbeutung der Kinder durch ihre Eltern aufheben wollen? Wir gestehen dieses Verbrechen ein. Aber, sagt ihr, wir heben die trautesten Verhältnisse auf, indem wir an die Stelle der häuslichen Erziehung die gesellschaftliche setzen. Und ist nicht auch eure Erziehung durch die Gesellschaft bestimmt? Durch die gesellschaftlichen Verhältnisse, innerhalb derer ihr erzieht, durch die direktere oder indirektere Einmischung der Gesellschaft, vermittelst der Schule usw.? (MEW 4, 478)

Es ist natürlich ebenso albern, die christlich germanische Form der Familie für absolut zu halten als die altrömische Form, oder die altgriechische, oder die orientalische, die übrigens untereinander eine geschichtliche Entwicklungsreihe bilden.

(MEGA II/5, 402; MEW 23, 514)

Es ist überhaupt nicht von »der« Familie zu sprechen. Die Bourgeoisie gibt historisch der Familie den Charakter der bürgerlichen Familie, worin die Langweile und das Geld das Bindende ist und zu welcher auch die bürgerliche Auflösung der Familie gehört, bei der die Familie selbst stets fortexistiert. Ihrer schmutzigen Existenz entspricht der heilige Begriff in offiziellen Redensarten und in der allgemeinen Heuchelei.

(MEGA I/5, 233; MEW 3, 164)

Der Bourgeois sieht in seiner Frau ein bloßes Produktionsinstrument. (MEW 4, 478/479)

Du begreifst daher, dass auf die Dauer der Kugelmann mir unerträglich wurde. [...] Sein beständiges, in tiefer Stimme vorgetragnes ernsthaftes Blechschwatzen trug ich mit Geduld; schon weniger das Hamburg-Bremen-Hannoversche Philisterpack, männlich und weiblich, das einen nicht losließ; endlich aber brach meine Geduld, als er mich mit seinen häuslichen Szenen gar zu sehr ennuyierte. Dieser erzpedantische, bürgerlich-kleinkramige Philister bildet sich nämlich ein, seine Frau verstehe, begreife seine faustische, in höherer Weltanschauung machende Natur nicht und quält das Dämchen, das ihm in jeder Hinsicht überlegen ist, auf das widrigste.

(An Engels, 18. September 1874; MEW 33, 117)

[...] also das Eigentum, das in der Familie, wo die Frau & die Kinder die Sklaven des Mannes sind, schon seinen Keim, seine erste Form hat. Die freilich noch sehr rohe, latente Sklaverei in der Familie ist das erste Eigentum, das übrigens hier schon vollkommen der Definition der modernen Ökonomen entspricht, nach der es die Verfügung über fremde Arbeitskraft ist.

(MEGA I/5, 33; MEW 3, 32)

Sofern die Maschinerie Muskelkraft entbehrlich macht, wird sie zum *Mittel Arbeiter ohne Muskelkraft* oder von unreifer Körperentwicklung, aber größrer Geschmeidigkeit der Glieder anzuwenden. *Weiber- und Kinderarbeit* war daher das erste Wort der *kapitalistischen* Anwendung der Maschinerie!

(MEGA II/5, 322/323; MEW 23, 416)

Allerdings kann der Arbeiter in Schnaps sein Salair versaufen, statt seinen Kindern Fleisch und Brod zu kaufen, was er bei der Naturalzahlung nicht kann. Seine persönliche Freiheit ist somit erweitert, d.h. der Herrschaft des Schnapses ist ein größrer Spielraum gewährt.

(MEGA IV/8, 233)

Der *Wert der Arbeitskraft* war bestimmt nicht nur durch die zur Erhaltung des individuellen erwachsnen Arbeiters, sondern durch die zur Erhaltung der Arbeiterfamilie nötige Arbeitszeit. Indem die Maschinerie alle Glieder der Arbeiterfamilie auf den Arbeitsmarkt wirft, verteilt sie den Wert der Arbeitskraft des Mannes über seine ganze Familie. Sie *entwertet* da-

her seine Arbeitskraft. Der Ankauf der in 4 Arbeitskräfte z. B. parzellierten Familie kostet vielleicht mehr
als früher der Ankauf der Arbeitskraft des Familien-
haupts, aber dafür treten 4 Arbeitstage an die Stelle
von Einem, und ihr Preis fällt im Verhältnis zum
Überschuss der Mehrarbeit der vier über die Mehrarbeit des Einen. Vier müssen nun nicht nur Arbeit,
sondern Mehrarbeit für das Kapital liefern, damit
eine Familie lebe.   (MEGA II/5, 323; MEW 23, 417)

Die Arbeitsexzesse für Erwachsne und Unerwachsne
haben verschiednen Londoner Zeitungs- und Buch-
druckereien den rühmlichen Namen: »Das Schlacht-
haus« gesichert. Dieselben Exzesse, deren Schlacht-
opfer hier namentlich Weiber, Mädchen und Kinder,
in der Buchbinderei. Schwere Arbeit für Unerwachsne in den Seilereien, Nachtarbeit in Salzwerken, Lich-
ter- und andren chemischen Manufakturen; mörde-
rischer Verbrauch von Jungen in Seidenwebereien,
die nicht mechanisch betrieben werden, zum Dre-
hen der Webstühle. Eine der infamsten, schmutzigsten und schlechtbezahltesten Arbeiten, wozu mit Vor-
liebe junge Mädchen und Weiber verwandt werden,
ist das Sortieren der Lumpen. Man weiß, dass Großbritannien, abgesehn von seinen eignen unzähligen
Lumpen, das Emporium für den Lumpenhandel der
ganzen Welt bildet. [...] Sie dienen zur Düngung, Fab-

rikation von Flocken (für Bettzeug), Shoddy (Kunstwolle) und als Rohmaterial des Papiers. Die weiblichen Lumpensortierer dienen als Medien, um Pocken und andre ansteckende Seuchen, deren erste Opfer sie selbst sind, zu kolportieren.

(MEGA II/6, 444; MEW 23, 486/487)

Die bürgerlichen Redensarten über Familie und Erziehung, über das traute Verhältnis von Eltern und Kindern werden um so ekelhafter, je mehr infolge der großen Industrie alle Familienbande für die Proletarier zerrissen und die Kinder in einfache Handelsartikel und Arbeitsinstrumente verwandelt werden.

(MEW 4, 478)

Soweit die Fabrikgesetzgebung die Arbeit in Fabriken, Manufakturen usw. reguliert, erscheint dies zunächst nur als Einmischung in die Exploitationsrechte des Kapitals. Jede Regulation der sog. *Hausarbeit* stellt sich dagegen sofort als direkter Eingriff in die *patria potestas*[3] dar, d. h. modern interpretiert, in die *elterliche Autorität*, ein Schritt, wovor das zartfühlende englische Parlament lang zurückzubeben affektierte. Die Gewalt der Tatsachen zwang jedoch, endlich anzuerkennen, dass die große Industrie mit der öko-

3 väterliche Gewalt

nomischen Grundlage des alten Familienwesens und der ihr entsprechenden Familienarbeit auch die alten Familienverhältnisse selbst auflöst. *Das Recht der Kinder* musste proklamiert werden.

(MEGA II/5, 401; MEW 23, 513)

Es versteht sich übrigens von selbst, dass mit Aufhebung der jetzigen Produktionsverhältnisse auch die aus ihnen hervorgehende Weibergemeinschaft, d.h. die offizielle und nichtoffizielle Prostitution, verschwindet.

(MEW 4, 479)

So furchtbar und ekelhaft nun die Auflösung des alten Familienwesens innerhalb des kapitalistischen Systems erscheint, so schafft nichtsdestoweniger die große Industrie mit der entscheidenden Rolle, die sie den Weibern, jungen Personen und Kindern beiderlei Geschlechts in gesellschaftlich organisierten Produktionsprozessen jenseits der Sphäre des Hauswesens zuweist, die neue ökonomische Grundlage für eine höhere Form der Familie und des Verhältnisses beider Geschlechter.

(MEGA II/5, 401/402; MEW 23, 514)

KAPITAL

Das Kapital fragt nicht nach der Lebensdauer der Arbeitskraft. Was es interessiert, ist einzig und allein das Maximum von Arbeitskraft, das in einem Arbeitstag flüssig gemacht werden kann. Es erreicht dies Ziel durch Verkürzung der Dauer der Arbeitskraft, wie ein habgieriger Landwirt gesteigerten Bodenertrag durch Beraubung der Bodenfruchtbarkeit erreicht. (MEGA II/6, 269; MEW 23, 281)

Apres moi le deluge![4] ist der Wahlruf jedes Kapitalisten und jeder Kapitalistennation. Das Kapital ist daher rücksichtslos gegen Gesundheit und Lebensdauer des Arbeiters, wo es nicht durch die Gesellschaft zur Rücksicht gezwungen wird.

(MEGA II/6, 273; MEW 23, 285).

Was könnte die kapitalistische Produktionsweise besser charakterisieren als die Notwendigkeit, ihr durch Zwangsgesetz von Staatswegen die einfachsten Reinlichkeits- und Gesundheitsvorrichtungen aufzuherrschen? (MEGA II/6, 461; MEW 23, 505)

4 Nach mir die Sintflut.

Gilt deine Arbeitsstunde soviel wie die meinige? Diese Frage wird durch die Konkurrenz entschieden. [...] So muss es nicht mehr heißen, dass eine (Arbeits-) Stunde eines Menschen gleichkommt der Stunde eines andern Menschen, sondern dass vielmehr ein Mensch während einer Stunde soviel wert ist wie ein anderer Mensch während einer Stunde. Die Zeit ist alles, der Mensch ist nichts mehr, er ist höchstens noch die Verkörperung der Zeit. Es handelt sich nicht mehr um die Qualität. Die Quantität allein entscheidet alles: Stunde gegen Stunde, Tag gegen Tag.

(MEGA I/30, 255; MEW 4, 85)

Jede neue Erfindung, welche es ermöglicht, in einer Stunde zu produzieren, was bisher in zwei Stunden produziert wurde, entwertet alle gleichartigen Produkte, die sich auf dem Markte befinden. Die Konkurrenz zwingt den Produzenten, das Produkt von zwei Stunden ebenso billig zu verkaufen wie das Produkt einer Stunde. Die Konkurrenz führt das Gesetz durch, nach welchem der Wert eines Produktes durch die zu seiner Herstellung notwendige Arbeitszeit bestimmt wird. Die Tatsache, dass die Arbeitszeit als Maß des Tauschwertes dient, wird auf diese Art zum Gesetz einer beständigen *Entwertung* der Arbeit.

(MEGA I/30, 262; MEW 4, 94/95)

Man könnte eine ganze Geschichte der Erfindungen seit 1830 schreiben, die bloß als Kriegsmittel des Kapitals wider Arbeiteremeuten ins Leben traten.

(MEGA II/5, 357; MEW 23, 459)

Die Bourgeoisie hat durch ihre Exploitation des Weltmarkts die Produktion und Konsumtion aller Länder kosmopolitisch gestaltet. Sie hat zum großen Bedauern der Reaktionäre den nationalen Boden der Industrie unter den Füßen weggezogen. Die uralten nationalen Industrien sind vernichtet worden und werden noch täglich vernichtet. Sie werden verdrängt durch neue Industrien, deren Einführung eine Lebensfrage für alle zivilisierten Nationen wird, durch Industrien, die nicht mehr einheimische Rohstoffe, sondern den entlegensten Zonen angehörige Rohstoffe verarbeiten und deren Fabrikate nicht nur im Lande selbst, sondern in allen Weltteilen zugleich verbraucht werden. An die Stelle der alten, durch Landeserzeugnisse befriedigten Bedürfnisse treten neue, welche die Produkte der entferntesten Länder und Klimate zu ihrer Befriedigung erheischen. An die Stelle der alten lokalen und nationalen Selbstgenügsamkeit und Abgeschlossenheit tritt ein allseitiger Verkehr, eine allseitige Abhängigkeit der Nationen voneinander.

(MEW 4, 466)

Was ist also unter dem heutigen Gesellschaftszustand der Freihandel? Die Freiheit des Kapitals. Habt ihr die paar nationalen Schranken, die noch die freie Entwicklung des Kapitals einengen, eingerissen, so habt ihr lediglich seine Tätigkeit völlig entfesselt. Solange ihr das Verhältnis von Lohnarbeit zu Kapital fortbestehen lasst, mag der Austausch der Waren sich immerhin unter den günstigsten Bedingungen vollziehen, es wird stets eine Klasse geben, die ausbeutet, und eine, die ausgebeutet wird. (MEW 4, 455)

In der Vorstellung sind daher die Individuen unter der Bourgeoisieherrschaft freier als früher, weil ihnen ihre Lebensbedingungen zufällig sind; in der Wirklichkeit sind sie natürlich unfreier, weil mehr unter sachliche Gewalt subsumiert.

(MEGA I/5, 97; MEW 3, 76)

Zur Verwandlung von *Geld* in *Kapital* muss der Geldbesitzer also *den freien Arbeiter* auf dem *Warenmarkt* vorfinden, *frei* in dem Doppelsinn, dass er als freie Person über seine Arbeitskraft als *seine* Ware verfügt, dass er andrerseits andre Waren nicht zu verkaufen hat, los und ledig, frei ist von allen zur Verwirklichung seiner Arbeitskraft nötigen *Sachen*.

(MEGA II/5, 122; MEW 23, 183)

Ist die Ausbeutung des Arbeiters durch den Fabrikanten so weit beendigt, [...] fallen die andern Teile der Bourgeoisie über ihn her, der Hausbesitzer, der Krämer, der Pfandleiher usw. (MEW 4, 469)

Der ehemalige Geldbesitzer schreitet voran als *Kapitalist*, der Arbeitskraftbesitzer folgt ihm nach als *sein Arbeiter*; der eine bedeutungsvoll schmunzelnd und geschäftseifrig, der andre scheu, widerstrebsam, wie jemand, der seine eigne Haut zu Markt getragen und nun nichts andres zu erwarten hat als die – *Gerberei*. (MEGA II/5, 128; MEW 23, 191)

Das Kapital ist selbst der prozessierende Widerspruch [dadurch], dass es die Arbeitszeit auf ein Minimum zu reduzieren strebt, während es andrerseits die Arbeitszeit als einziges Maß und Quelle des Reichtums setzt. (MEGA II/1, 582; MEW 42, 601)

Die Zirkulation des Geldes als Kapital ist dagegen Selbstzweck, denn die Verwertung des Werts existiert nur innerhalb dieser stets erneuerten Bewegung. Die Bewegung des Kapitals ist daher maßlos. [...] Der Gebrauchswert ist also nie als unmittelbarer Zweck des Kapitalisten zu behandeln. Auch nicht der einzelne Gewinn, sondern nur die rastlose Bewegung des Gewinnens. (MEGA II/6, 170/171; MEW 23, 167/168)

»*Was ist ein Arbeitstag?*« [...] Auf diese Frag[e], man hat es gesehn, antwortet *das Kapital*: Der Arbeitstag zählt täglich volle *24 Stunden* nach Abzug der wenigen Ruhestunden, ohne welche die Arbeitskraft ihren erneuerten Dienst absolut versagt.

(MEGA II/5, 207; MEW 23, 280)

Zeit zu menschlicher Bildung, zu geistiger Entwicklung, zur Erfüllung sozialer Funktionen, zu geselligem Verkehr, zum freien Spiel der physischen und geistigen Lebenskräfte, selbst die Feierzeit des Sonntags – und wäre es im Lande der Sabbatheiligen – reiner *Firlefanz*! Aber in seinem maßlos blinden Trieb, seinem Werwolfs-Heißhunger nach Mehrarbeit, überrennt das Kapital *nicht nur die moralischen, sondern auch die rein physischen Maximalschranken des Arbeitstags*. Es usurpiert die Zeit für Wachstum, Entwicklung und gesunde Erhaltung des Körpers. Es raubt die Zeit, erheischt zum Verzehr von freier Luft und Sonnenlicht. Es knickert ab an der Mahlzeit und einverleibt sie womöglich dem Produktionsprozess selbst, so dass dem Arbeiter als bloßem Produktionsmittel Speisen zugesetzt werden wie dem Dampfkessel Kohle und der Maschinerie Talg oder Öl. Den gesunden Schlaf zur Sammlung, Erneurung und Erfrischung der Lebenskraft reduziert es auf so viel Stunden Torpor, als die Wiederbelebung eines absolut erschöpften Organismus unentbehrlich macht. (MEGA II/5, 207/208; MEW 23, 280)

Die kapitalistische Produktion, die wesentlich Produktion von Mehrwert, Einsaugung von Mehrarbeit ist, produziert also mit der Verlängrung des Arbeitstags nicht nur die Verkümmerung der menschlichen Arbeitskraft [...]. Sie produziert die vorzeitige Erschöpfung und Abtötung der Arbeitskraft selbst. Sie verlängert die Produktionszeit des Arbeiters während eines gegebenen Termins durch Verkürzung seiner Lebenszeit. (MEGA II/6, 269; MEW 23, 281)

Das Kapital, das so »gute Gründe« hat, die Leiden der es umgebenden Arbeitergeneration zu leugnen, wird in seiner praktischen Bewegung durch die Aussicht auf zukünftige Verfaulung der Menschheit und schließlich doch unaufhaltsame Entvölkerung so wenig und so viel bestimmt als durch den möglichen Fall der Erde in die Sonne. [...] Im Großen und Ganzen hängt dies aber auch nicht vom guten oder bösen Willen des einzelnen Kapitalisten ab. Die freie Konkurrenz macht die immanenten Gesetze der kapitalistischen Produktion dem einzelnen Kapitalisten gegenüber als äußerliches Zwangsgesetz geltend.
(MEGA II/6, 272/273; MEW 23, 285/286)

Ökonomie der Arbeit durch Entwicklung der Produktivkraft der Arbeit bezweckt in der kapitalistischen Produktion also durchaus nicht *Verkürzung des Arbeitstags*. Sie bezweckt nur Verkürzung der für Produktion *eines bestimmten Warenquantums* notwendigen Arbeitszeit. Dass der Arbeiter bei gesteigerter Produktivkraft seiner Arbeit in einer Stunde z. B. 10 mal mehr Ware als früher produziert, also für jedes Stück Ware 10 mal weniger Arbeitszeit braucht, verhindert durchaus nicht, ihn nach wie vor 12 Stunden arbeiten und in den 12 Stunden 1200 statt früher 120 Stück produzieren zu lassen. Ja, sein Arbeitstag mag gleichzeitig verlängert werden, so dass er jetzt in 14 Stunden 1400 Stück produziert usw. Man kann daher bei Ökonomen vom Schlag eines MacCulloch, Ure, Senior und tutti quanti auf einer Seite lesen, dass der Arbeiter dem Kapital für die Entwicklung der Produktivkräfte Dank schuldet, weil sie die notwendige *Arbeitszeit* verkürzt, und auf der nächsten Seite, dass er diesen Dank beweisen muss, indem er statt 10 künftig 15 Stunden arbeitet.

(MEGA II/5, 259; MEW 23, 339/340)

John Stuart Mill sagt in seinen »Prinzipien der politischen Ökonomie«: »Es ist fraglich, ob alle bisher gemachten mechanischen Erfindungen die Tagesmühe irgendeines menschlichen Wesens erleichtert haben.«

Solches ist jedoch auch keineswegs der Zweck der kapitalistisch verwandten Maschinerie. Gleich jeder andren Entwicklung der Produktivkraft der Arbeit soll sie Waren verwohlfeilern und den Teil des Arbeitstags, den der Arbeiter für sich selbst braucht, verkürzen, um den andren Teil seines Arbeitstags, den er dem Kapitalisten umsonst gibt, zu verlängern.

(MEGA II/6, 362/363; MEW 23, 391)

Da also die Maschinerie an sich betrachtet die Arbeitszeit verkürzt, während sie kapitalistisch angewandt den Arbeitstag verlängert, an sich die Arbeit erleichtert, kapitalistisch angewandt ihre Intensität steigert, an sich ein Sieg des Menschen über die Naturkraft ist, kapitalistisch angewandt den Menschen durch die Naturkraft unterjocht, an sich den Reichtum des Produzenten vermehrt, kapitalistisch angewandt ihn verpaupert usw., erklärt der bürgerliche Ökonom einfach, das Ansichbetrachten der Maschinerie beweise haarscharf, dass alle jene handgreiflichen Widersprüche bloßer Schein der gemeinen Wirklichkeit, aber an sich, also auch in der Theorie gar nicht vorhanden sind. Er spart sich so alles weitre Kopfzerbrechen und bürdet seinem Gegner obendrein die Dummheit auf, nicht die kapitalistische Anwendung der Maschinerie zu bekämpfen, sondern die Maschinerie selbst. (MEGA II/6, 424; MEW 23, 465)

Die Entdeckung der Gold- und Silberländer in Amerika, die Ausrottung, Versklavung und Vergrabung der eingebornen Bevölkerung in die Bergwerke, die beginnende Eroberung und Ausplünderung von Ostindien, die Verwandlung von Afrika in ein Geheg zur Handelsjagd auf Schwarzhäute bezeichnen die Morgenröte der kapitalistischen Produktionsära. Diese idyllischen Prozesse sind Hauptmomente der ursprünglichen Akkumulation.

(MEGA II/6, 674; MEW 23, 779)

Im *zinstragenden Kapital* erreicht das *Kapitalverhältnis* seine *äußerlichste* und *fetischartigste* Form. [...] Das Kapital erscheint als mysteriöse und selbstschöpferische Quelle des Zinses, seiner eignen Vermehrung. [...] Es wird ganz so Eigenschaft des Geldes, Wert zu schaffen, Zins abzuwerfen, wie die eines Birnbaums, Birnen zu produzieren.

(MEGA II/4.2, 461/462; MEW 25, 404/405)

Mit dem Wachstum des stofflichen Reichtums wächst die Klasse der Geldkapitalisten; es vermehrt sich einerseits die Zahl und der Reichtum der sich zurückziehenden Kapitalisten, der Rentiers; und zweitens wird die Entwicklung des Kreditsystems gefördert und damit die Zahl der Bankiers, Geldverleiher, Finanziers etc. vermehrt. [...] Mit der Entwicklung des

Kreditwesens Schöpfung konzentrierter *money markets*, wie London, das zugleich Hauptsitz des Handels in diesen Papieren. Die bankers stellen diesen most damnable rogues das monied Kapital des Publikums massenhaft zur Disposition und so wächst diese Brut von Spielern. (MEGA II/4.2, 589/590; MEW 25, 528)

Hätte ich während der letzten 10 Tage das Geld gehabt, so hätte ich viel Geld auf der hiesigen Börse gewonnen. Jetzt ist wieder die Zeit, wo mit wit und very little money Geld gemacht werden kann in London.

(An Engels, 4. Juli 1864; MEGA III/13, 584; MEW 30, 417)

Im Fortgang der kapitalistischen Produktion entwickelt sich eine Arbeiterklasse, die aus Erziehung, Tradition, Gewohnheit die Anforderungen jener Produktionsweise als selbstverständliche Naturgesetze anerkennt. Die Organisation des ausgebildeten kapitalistischen Produktionsprozesses bricht jeden Widerstand, die beständige Erzeugung einer relativen Übervölkerung hält das Gesetz der Zufuhr von und Nachfrage nach Arbeit und daher den Arbeitslohn in einem den Verwertungsbedürfnissen des Kapitals entsprechenden Gleise, der stumme Zwang der ökonomischen Verhältnisse besiegelt die Herrschaft des Kapitalisten über den Arbeiter.

(MEGA II/5, 591/592; MEW 23, 765)

KOMMUNISMUS

In einer höheren Phase der kommunistischen Gesellschaft, nachdem die knechtende Unterordnung der
Individuen unter die Teilung der Arbeit, damit auch
der Gegensatz geistiger und körperlicher Arbeit verschwunden ist; nachdem die Arbeit nicht nur Mittel
zum Leben, sondern selbst das erste Lebensbedürfnis
geworden; nachdem mit der allseitigen Entwicklung
der Individuen auch ihre Produktivkräfte gewach-
sen und alle Springquellen des genossenschaftlichen
Reichtums voller fließen – erst dann kann der enge
bürgerliche Rechtshorizont ganz überschritten werden und die Gesellschaft auf ihre Fahne schreiben:
Jeder nach seinen Fähigkeiten, Jedem nach seinen Bedürfnissen!   (MEGA I/25, 15; MEW 19, 21)

Sowie nämlich die Arbeit verteilt zu werden anfängt,
hat jeder einen bestimmten ausschließlichen Kreis
der Tätigkeit, der ihm aufgedrängt wird, aus dem
er nicht heraus kann; er ist Jäger, Fischer oder Hirt
oder kritischer Kritiker, & muss es bleiben, wenn er
nicht die Mittel zum Leben verlieren will – während
in der kommunistischen Gesellschaft, wo Jeder nicht
einen ausschließlichen Kreis der Tätigkeit hat, sondern sich in jedem beliebigen Zweige ausbilden kann,

die Gesellschaft die allgemeine Produktion regelt und mir eben dadurch möglich macht, heute dies, morgen jenes zu tun, morgens zu jagen, nachmittags zu fischen, Abends Viehzucht zu treiben nach dem Essen zu kritisieren, wie ich gerade Lust habe, ohne je Jäger Fischer Hirt oder Kritiker zu werden.

(MEGA I/5, 34-37; MEW 3, 33)

In einer kommunistischen Gesellschaft gibt es keine Maler, sondern höchstens Menschen, die unter Anderm auch malen.

(MEGA I/5, 452; MEW 3, 378/379)

Erst in der Gemeinschaft existieren für jedes Individuum die Mittel, seine Anlagen nach allen Seiten hin auszubilden, erst in der Gemeinschaft wird also die persönliche Freiheit möglich. In den bisherigen Surrogaten der Gemeinschaft, im Staat usw. existierte die persönliche Freiheit nur für die in den Verhältnissen der herrschenden Klasse entwickelten Individuen & nur insofern sie Individuen dieser Klasse waren. Die scheinbare Gemeinschaft, zu der sich bisher die Individuen vereinigten, verselbständigte sich stets ihnen gegenüber & war zugleich, da sie eine Vereinigung einer Klasse gegenüber einer andern war, für die beherrschte Klasse nicht nur eine ganz illusorische Gemeinschaft, sondern auch eine neue Fessel.

In der wirklichen Gemeinschaft erlangen die Individuen in & durch ihre Assoziation zugleich ihre Freiheit. (MEGA I/5, 95/96; MEW 3, 74)

Hier predigt also [Hermann] Kriege *im Namen des Kommunismus* die alte religiöse und deutschphilosophische Phantasie, die *dem Kommunismus direkt widerspricht.* Der *Glaube,* und zwar der Glaube an den »heiligen Geist der Gemeinschaft« ist das Letzte, was für die Durchführung des Kommunismus verlangt wird. (MEW 4, 12)

Die Waffe der Kritik kann allerdings die Kritik der Waffen nicht ersetzen, die materielle Gewalt muss gestürzt werden durch materielle Gewalt, allein auch die Theorie wird zur materiellen Gewalt, sobald sie die Massen ergreift. (MEGA I/2, 177; MEW 1, 385)

Die wirkliche Ökonomie – Ersparung – besteht in Ersparung von Arbeitszeit; (Minimum (und Reduktion zum Minimum) der Produktionskosten); diese Ersparung aber identisch mit Entwicklung der Produktivkraft. Also keineswegs *Entsagen vom Genuss*, sondern Entwickeln von power, von Fähigkeiten zur Produktion und daher sowohl der Fähigkeiten wie der Mittel des Genusses. (MEGA II/1, 589; MEW 42, 607)

Die Arbeit *ist* frei in allen zivilisierten Ländern; es handelt sich nicht darum, die Arbeit zu befreien, sondern sie aufzuheben.

(MEGA I/5, 259; MEW 3, 186)

Je mehr dieser Widerspruch sich entwickelt, um so mehr stellt sich heraus, dass [...] die Arbeitermasse selbst ihre Surplusarbeit sich aneignen muss. Hat sie das getan – und hört damit die *disposable time* auf, *gegensätzliche* Existenz zu haben – so wird einerseits die notwendige Arbeitszeit ihr Maß an den Bedürfnissen des gesellschaftlichen Individuums haben, andrerseits die Entwicklung der gesellschaftlichen Produktivkraft so rasch wachsen, dass, obgleich nun auf den Reichtum aller die Produktion berechnet ist, die *disposable time* aller wächst. Denn der wirkliche Reichtum ist die entwickelte Produktivkraft aller Individuen. Es ist dann keineswegs mehr die Arbeitszeit, sondern die disposable time das Maß des Reichtums.

(MEGA II/1, 584; MEW 42, 604)

[...] dass in allen bisherigen Revolutionen die Art der Tätigkeit stets unangetastet blieb & es sich nur um eine andre Distribution dieser Tätigkeit, um eine neue Verteilung der Arbeit an andre Personen handelte, während die kommunistische Revolution sich gegen die bisherige *Art* der Tätigkeit richtet, die *Ar-*

beit beseitigt & die Herrschaft aller Klassen mit den Klassen selbst aufhebt.

(MEGA I/5, 44; MEW 3, 69/70)

[D]iejenigen Leute aus den herrschenden Klassen, die verständig genug sind, die Unmöglichkeit der Fortdauer des jetzigen Systems einzusehn – und deren gibt es viele –, haben sich zu zudringlichen und großmäuligen Aposteln der genossenschaftlichen Produktion aufgeworfen. Wenn aber die genossenschaftliche Produktion nicht eitel Schein und Schwindel bleiben, wenn sie das kapitalistische System verdrängen, wenn die Gesamtheit der Genossenschaften die nationale Produktion nach einem gemeinsamen Plan regeln, sie damit unter ihre eigne Leitung nehmen und der beständigen Anarchie und den periodisch wiederkehrenden Konvulsionen, welche das unvermeidliche Schicksal der kapitalistischen Produktion sind, ein Ende machen soll – was wäre das andres, meine Herren, als der Kommunismus, der »mögliche« Kommunismus? (MEGA I/22, 143; MEW 17, 343)

Innerhalb der genossenschaftlichen, auf Gemeingut an den Produktionsmitteln gegründeten Gesellschaft tauschen die Produzenten ihre Produkte nicht aus; eben so wenig erscheint hier die auf Produkte verwandte Arbeit *als Wert* dieser Produkte, als eine von ihnen besessene sachliche Eigenschaft, da jetzt, im Gegensatz zur kapitalistischen Gesellschaft, die individuellen Arbeiten nicht mehr auf einem Umweg, sondern unmittelbar als Bestandteile der Gesamtarbeit existieren.

(MEGA I/25, 13; MEW 19, 19/20)

Bürgerliche Revolutionen [...] stürmen rasch von Erfolg zu Erfolg, ihre dramatischen Effekte überbieten sich, Menschen und Dinge scheinen in Feuerbrillanten gefasst, die Ekstase ist der Geist jedes Tages; aber sie sind kurzlebig, bald haben sie ihren Höhepunkt erreicht und ein langer Katzenjammer erfasst die Gesellschaft, ehe sie die Resultate ihrer Drang- und Sturmperiode nüchtern sich aneignen lernt. Proletarische Revolutionen dagegen [...] kritisieren beständig sich selbst, unterbrechen sich fortwährend in ihrem eignen Lauf, kommen auf das scheinbar Vollbrachte zurück, um es wieder von Neuem anzufangen, verhöhnen grausam-gründlich die Halbheiten, Schwächen und Erbärmlichkeiten ihrer ersten Versuche, scheinen ihren Gegner nur niederzuwerfen, damit er neue Kräfte aus der Erde sauge und sich riesenhafter ihnen gegenüber wieder aufrichte, schrecken stets von Neuem zurück vor der unbestimmten Ungeheuerlichkeit ihrer eignen Zwecke, bis die Situation geschaffen ist, die jede Umkehr unmöglich macht, und die

Verhältnisse selbst rufen: Hic Rhodus, hic salta! Hier ist die Rose, hier tanze!

(MEGA I/11, 101/102; MEW 8, 118)

Das Reich der Freiheit beginnt in der Tat erst da, wo das Arbeiten, das durch Not und äußere Zweckmäßigkeit bestimmt ist, aufhört; es liegt also der Natur der Sache nach jenseits der Sphäre der eigentlichen materiellen Produktion.

(MEGA II/4.2, 838; MEW 25, 828)

Die Freiheit in diesem Gebiet [dem Reich der Naturnotwendigkeit] kann nur darin bestehn, dass der vergesellschaftete Mensch, die assoziierten Produzenten, diesen ihren Stoffwechsel mit der Natur rationell regeln, unter ihre gemeinschaftliche Kontrolle bringen, statt von ihm als von einer blinden Macht beherrscht zu werden; ihn mit dem geringsten Kraftaufwand und unter den, ihrer menschlichen Natur würdigsten und adäquatesten Bedingungen vollziehn.

(MEGA II/4.2, 838; MEW 25, 828)

In einer künftigen Gesellschaft, wo der Klassengegensatz verschwunden ist, wo es keine Klassen mehr gibt, würde der Gebrauch nicht mehr von dem *Minimum* der Produktionszeit abhängen, sondern die Produktionszeit, die man den verschiedenen Gegenständen widmet, würde bestimmt werden durch ihre gesellschaftliche Nützlichkeit.

(MEGA I/30, 261; MEW 4, 93)

Sind im Laufe der Entwicklung die Klassenunterschiede verschwunden und ist alle Produktion in den Händen der assoziierten Individuen konzentriert, so verliert die öffentliche Gewalt den politischen Charakter. Die politische Gewalt im eigentlichen Sinne ist die organisierte Gewalt einer Klasse zur Unterdrückung einer andern. Wenn das Proletariat im Kampfe gegen die Bourgeoisie sich notwendig zur Klasse vereint, durch eine Revolution sich zur herrschenden Klasse macht und als herrschende Klasse gewaltsam die alten Produktionsverhältnisse aufhebt, so hebt es mit diesen Produktionsverhältnissen die Existenzbedingungen des Klassengegensatzes, die Klassen überhaupt, und damit seine eigene Herrschaft als Klasse auf. An die Stelle der alten bürgerlichen Gesellschaft mit ihren Klassen und Klassengegensätzen tritt eine Assoziation, worin die freie Entwicklung eines jeden die Bedingung für die freie Entwicklung aller ist.

(MEW 4, 482)

[...] ein[e] höher[e] Gesellschaftsform [...], deren Grundprinzip die volle und freie Entwicklung jedes Individuums ist.

(MEGA II/6, 543; MEW 23, 618)

Die arbeitende Klasse wird im Laufe der Entwicklung an die Stelle der alten bürgerlichen Gesellschaft eine Assoziation setzen, welche die Klassen und ihren Gegensatz ausschließt, und es wird keine eigentliche politische Gewalt mehr geben, weil gerade die politische Gewalt der offizielle Ausdruck des Klassengegensatzes innerhalb der bürgerlichen Gesellschaft ist. (MEGA I/30, 333; MEW 4, 182)

Ein Gespenst geht um in Europa – das Gespenst des Kommunismus. Alle Mächte des alten Europa haben sich zu einer heiligen Hetzjagd gegen dies Gespenst verbündet, der Papst und der Zar, Metternich und Guizot, französische Radikale und deutsche Polizisten. (MEW 4, 461)

Die Kommunisten verschmähen es, ihre Ansichten und Absichten zu verheimlichen. Sie erklären es offen, dass ihre Zwecke nur erreicht werden können durch den gewaltsamen Umsturz aller bisherigen Gesellschaftsordnung. Mögen die herrschenden Klassen vor einer kommunistischen Revolution zittern. Die Proletarier haben nichts in ihr zu verlieren als ihre Ketten. Sie haben eine Welt zu gewinnen. *Proletarier aller Länder, vereinigt euch!* (MEW 4, 493)

Der gerade Gegensatz des Kaisertums war die [Pariser] Kommune. Der Ruf nach der »sozialen Republik«, womit das Pariser Proletariat die Februarrevolution einführte, drückte nur das unbestimmte Verlangen aus nach einer Republik, die nicht nur die monarchische Form der Klassenherrschaft beseitigen sollte, sondern die Klassenherrschaft selbst. Die Kommune war die bestimmte Form dieser Republik.

(MEGA I/22, 139; MEW 17, 338)

Das erste Dekret der Kommune war daher die Unterdrückung des stehenden Heeres und seine Ersetzung durch das bewaffnete Volk.

(MEGA I/22, 139; MEW 17, 338)

Es ist eine eigentümliche Tatsache: Trotz all des großen Geredes und der unermesslichen Literatur der letzten sechzig Jahre über Emanzipation der Arbeiter – kaum nehmen die Arbeiter irgendwo die Sache in ihre eignen Hände, so ertönen auch sofort wieder die apologetischen Redensarten der Fürsprecher der jetzigen Gesellschaft mit ihren beiden Polen: Kapital und Lohnsklaverei [...], als lebte die kapitalistische Gesellschaft noch im Stande reinster jungfräulicher Unschuld, alle ihre Grundsätze noch unentwickelt, alle ihre Selbsttäuschungen noch unenthüllt, alle ihre prostituierte Wirklichkeit noch nicht bloßgelegt! Die

Kommune, rufen sie aus, will das Eigentum, die Grundlage aller Zivilisation, abschaffen! Jawohl, meine Herren, die Kommune wollte jenes Klasseneigentum abschaffen, das die Arbeit der vielen in den Reichtum der wenigen verwandelt. Sie beabsichtigte die Enteignung der Enteigner. Sie wollte das individuelle Eigentum zu einer Wahrheit machen, indem sie die Produktionsmittel, den Erdboden und das Kapital, jetzt vor allem die Mittel zur Knechtung und Ausbeutung der Arbeit, in bloße Werkzeuge der freien und assoziierten Arbeit verwandelt.

(MEGA I/22, 142/143; MEW 17, 342)

Wunderbar in der Tat war die Verwandlung, die die Kommune an Paris vollzogen hatte! Keine Spur mehr von dem buhlerischen Paris des zweiten Kaisertums. Paris war nicht länger der Sammelplatz von britischen Grundbesitzern, irischen Absentees, amerikanischen Ex-Sklavenhaltern und Emporkömmlingen, russischen Ex-Leibeignenbesitzern und walachischen Bojaren. Keine Leichen mehr in der Morgue, keine nächtlichen Einbrüche und fast keine Diebstähle mehr; seit den Februartagen von 1848 waren die Straßen von Paris wirklich einmal wieder sicher, und das ohne irgendwelche Polizei.

(MEGA I/22, 147/148; MEW 17, 348/349)

Das Paris der Arbeiter, mit seiner Kommune, wird ewig gefeiert werden als der ruhmvolle Vorbote einer neuen Gesellschaft. Seine Märtyrer sind eingeschreint in dem großen Herzen der Arbeiterklasse. Seine Vertilger hat die Geschichte schon jetzt an jenen Schandpfahl genagelt, von dem sie zu erlösen alle Gebete ihrer Pfaffen ohnmächtig sind.

(MEGA I/22, 159; MEW 17, 362)

Die Expropriateurs werden expropriiert. Die aus der kapitalistischen Produktionsweise hervorgehende kapitalistische Aneignungsweise, daher das kapitalistische Privateigentum, ist die erste Negation des individuellen, auf eigne Arbeit gegründeten Privateigentums. Aber die kapitalistische Produktion erzeugt mit der Notwendigkeit eines Naturprozesses ihre eigne Negation. Es ist Negation der Negation. Diese stellt nicht das Privateigentum wieder her, wohl aber das individuelle Eigentum auf Grundlage der Errungenschaft der kapitalistischen Ära: der Kooperation und des Gemeinbesitzes der Erde und der durch die Arbeit selbst produzierten Produktionsmittel.

(MEGA II/10, 685; MEW 23, 791)

Gemeinschaftliche Produktion vorausgesetzt, bleibt die Zeitbestimmung natürlich wesentlich. Je weniger Zeit die Gesellschaft bedarf, um Weizen, Vieh etc

zu produzieren, desto mehr Zeit gewinnt sie zu andrer Produktion, materieller oder geistiger. Wie bei
einem einzelnen Individuum hängt die Allseitigkeit
ihrer Entwicklung, ihres Genusses und ihrer Tätigkeit von Zeitersparung ab. Ökonomie der Zeit, darin
löst sich schließlich alle Ökonomie auf.

(MEGA I/2, 103/104)

[...] *Was zur gemeinschaftlichen Befriedigung von Bedürfnissen bestimmt ist,* wie Schulen, Gesundheitsvorrichtungen etc. Dieser Teil wächst von vorn herein
bedeutend im Vergleich zur jetzigen Gesellschaft und
nimmt im selben Maß zu, wie die neue Gesellschaft
sich entwickelt.   (MEGA I/25, 13; MEW 19, 19)

Überdem, meine Herren, die großen sozialen und geschichtlichen Reformen machen sich nie durch die
Konzessionen, noch die Generosität der herrschenden Klassen, sondern nur durch die nécessité des
choses. Sie müssen erzwungen sein.

(MEGA IV/5, 234)

Der Kommunismus ist für uns nicht ein *Zustand*, der
hergestellt werden soll, ein *Ideal*, wonach die Wirklichkeit sich zu richten habe. Wir nennen Kommunismus die *wirkliche* Bewegung, welche den jetzigen
Zustand aufhebt.   (MEGA I/5, 37; MEW 3, 35)

Ihr alle wisst, dass die kapitalistische Produktion [...] sich in bestimmten periodischen Zyklen bewegt. Sie macht nacheinander den Zustand der Stille, wachsenden Belebung, Prosperität, Überproduktion, Krise und Stagnation durch. [...] Während der Phase sinkender Marktpreise, ebenso wie während der Phasen der Krise und der Stagnation, ist der Arbeiter, falls er nicht überhaupt aufs Pflaster geworfen wird, einer Herabsetzung des Arbeitslohns gewärtig. [...] Wenn er nicht bereits während der Prosperitätsphase, solange Extraprofite gemacht werden, für eine Lohnsteigerung kämpfte, so käme er im Durchschnitt eines industriellen Zyklus nicht einmal zu seinem *Durchschnittslohn* oder dem *Wert* seiner Arbeitskraft. Es ist der Gipfel des Widersinns, zu verlangen, er solle, während sein Arbeitslohn notwendigerweise durch die ungünstigen Phasen des Zyklus beeinträchtigt wird, darauf verzichten, sich während der Prosperitätsphase schadlos zu halten. (MEGA II/4.1, 425; MEW 16, 145/146)

Gerade das wiederholte Auftreten von Krisen in regelmäßigen Abständen trotz aller Warnungen der Vergangenheit schließt indessen die Vorstellung aus, ihre letzten Gründe in der Rücksichtslosigkeit einzelner zu suchen. Wenn die Spekulation gegen Ende einer bestimmten Handelsperiode als unmittelbarer Vorläufer des Zusammenbruchs auftritt, sollte man nicht vergessen, dass die Spekulation selbst in den vorausgehenden Phasen der Periode erzeugt worden ist und daher selbst ein Resultat und eine Erscheinung und nicht den letzten Grund und das Wesen darstellt. Die politischen Ökonomen, die vorgeben, die regelmäßigen Zuckungen von Industrie und Handel durch die Spekulation zu erklären, ähneln der jetzt ausgestorbenen Schule von Naturphilosophen, die das Fieber als den wahren Grund aller Krankheiten ansahen.

(MEGA I/16; MEW 12, 336)

Man erinnert sich: das Jahr 1857 brachte eine der großen Krisen, womit der industrielle Zyklus jedesmal abschließt. Der nächste Termin wurde 1866 fällig. Bereits diskontiert in den eigentlichen Fabrikdistrikten durch die Baumwollnot, welche viel Kapital aus der gewohnten Anlagesphäre zu den großen Zentralsitzen des Geldmarkts jagte, nahm die Krise diesmal einen vorwiegend finanziellen Charakter an. Ihr Ausbruch im Mai 1866 wurde signalisiert durch den Fall einer Londoner Riesenbank, dem der Zusammensturz zahlloser finanzieller Schwindelgesellschaften auf dem Fuß nachfolgte.

(MEGA II/5, 540; MEW 23, 697/698)

Die bürgerlichen Produktions- und Verkehrsverhält-
nisse, die bürgerlichen Eigentumsverhältnisse, die
moderne bürgerliche Gesellschaft, die so gewaltige
Produktions- und Verkehrsmittel hervorgezaubert
hat, gleicht dem Hexenmeister, der die Unterirdischen
Gewalten nicht mehr zu beherrschen vermag, die
er heraufbeschwor. [...] In den Handelskrisen wird
ein großer Teil nicht nur der erzeugten Produkte,
sondern der bereits geschaffenen Produktivkräfte regelmäßig vernichtet. In den Krisen bricht eine gesellschaftliche Epidemie aus, welche allen früheren
Epochen als ein Widersinn erschienen wäre – die Epidemie der Überproduktion. Die Gesellschaft findet
sich plötzlich in einen Zustand momentaner Barbarei zurückversetzt; eine Hungersnot, ein allgemeiner
Vernichtungskrieg scheinen ihr alle Lebensmittel ab-
geschnitten zu haben; die Industrie, der Handel scheinen vernichtet, und warum? Weil sie zuviel Zivilisation, zuviel Lebensmittel, zuviel Industrie, zuviel Handel besitzt.

(MEW 4, 467/468)

Dieser Widerspruch eklatiert in dem Moment der
Produktions- und Handelskrisen, der Geldkrise heißt.
Sie ereignet sich nur, wo die prozessierende Kette
der Zahlungen und ein künstliches System ihrer Ausgleichung völlig entwickelt sind. Mit allgemeineren

Störungen dieses Mechanismus, woher sie immer entspringen mögen, schlägt das Geld plötzlich und unvermittelt um aus der nur ideellen Gestalt des Rechengeldes in hartes Geld. Es wird unersetzlich durch profane Waren. Der Gebrauchswert der Ware wird wertlos, und ihr Wert verschwindet vor seiner eignen Wertform. Eben noch erklärte der Bürger in prosperitätstrunknem Aufklärungsdünkel das Geld für leeren Wahn. Nur die Ware ist Geld. Nur das Geld ist Ware! gellt's jetzt über den Weltmarkt. Wie der Hirsch schreit nach frischem Wasser, so schreit seine Seele nach Geld, dem einzigen Reichtum.

(MEGA II/5, 94; MEW 23, 152)

[...] wann hätten diese bürgerlichen Optimisten je eine Krise vorausgesehen oder vorausgesagt? Nie hat es noch eine Prosperitätsperiode gegeben, wo sie nicht die Gelegenheit wahrgenommen, um zu beweisen, dass dieses Mal die Medaille keine Kehrseite habe, dass dieses Mal das unerbittliche Schicksal besiegt sei. Am Tage des Krisenausbruchs aber stellten sie sich unschuldig und legten mit moralischen, banalen Salbadereien los gegen Handel und Industrie, die weder genügend Vorsicht noch genügend Voraussicht geübt hätten. (MEGA I/11, 349; MEW 8, 373)

Diese erneuerte Prosperität, die unsre deutschen Bürger naiver Weise der Herstellung der Ruhe und Ordnung zuschreiben, beruht in der Wirklichkeit einzig auf der erneuerten Prosperität in England und der vermehrten Nachfrage nach Industrieprodukten auf den amerikanischen und tropischen Markten.

(MEGA I/10, 464)

Der Arbeiter soll sparen [...], so dass sie im Alter, oder wenn Krankheiten, Krisen etc dazwischen kommen, nicht den Armenhäusern, dem Staat, dem Bettel (in einem Wort der Arbeiterklasse selbst und namentlich nicht den Kapitalisten) zur Last fallen und auf deren Tasche vegetieren, also sparen für die Kapitalisten; ihre Produktionskosten für dieselben vermindern.

(MEGA II/1, 208; MEW 42, 210/211)

[Die Produktion] kommt zum Stillstand, nicht wo die Befriedigung der Bedürfnisse, sondern wo die Realisierung und Produktion von Profit diesen Stillstand gebietet. (MEGA II/4.2, 332; MEW 25, 269)

In der Überproduktion, Kreditsystem etc sucht die kapitalistische Produktion ihre eigne Schranke zu durchbrechen und über ihr *Maß* hinaus zu produzieren. Sie hat einerseits diesen Trieb. Andrerseits erträgt sie nur eine der profitablen Anwendung des

existierenden Kapitals entsprechende Produktion.
Hence[5] die Krisen.

(MEGA II/3, 1310/1311; MEW 26.3, 119)

Die Nationalökonomen wundern sich nicht darüber, dass in einem Lande Überfluss von Produkten stattfinden kann, obgleich bei der Mehrzahl der größte Mangel an den einfachsten Lebensmitteln stattfindet. Sie wissen, dass der Reichtum ein verhältnismäßig ungleich umfassenderes Elend zur Bedingung hat. Sie sind nachher verwundert – sie, die nicht für den Menschen, sondern für den Reichtum produzieren –, dass der Reichtum selbst als wertlos erscheint oder mit andern Worten, dass die Produkte keinen Absatz finden, also kein Äquivalent erhalten, keinen Wert haben. Obgleich die Produktion im Gegensatz zur Masse der Menschheit stattfindet, wundern sie sich, dass sie zu groß werden kann für den kleinen Rest der zahlungsfähigen Menschheit.

(MEGA IV/3, 56)

Die Überproduktion ist die Wertlosigkeit des Reichtums selbst, eben weil der Reichtum als Reichtum einen Wert haben sollte.   (MEGA IV/3, 57)

5 Daher

Was die arbeitenden Klassen anbetrifft, so ist es eine noch sehr bestrittene Frage, ob ihre Lage sich infolge der Vermehrung des angeblichen öffentlichen Reichtums verbessert hat. Wenn die Ökonomen uns als Stütze für ihren Optimismus das Beispiel der englischen Baumwollenarbeiter zitieren, so berücksichtigen sie deren Situation nur in den seltenen Momenten der industriellen Prosperität. Diese Momente der Prosperität verhalten sich zu den Epochen der Krise und Stagnation in der »richtigen Proportionalität« von 3 zu 10. Aber vielleicht haben die Ökonomen, wenn sie von Verbesserung sprachen, von den Millionen Arbeitern sprechen wollen, die in Ostindien umkommen mussten, damit den 1½ Millionen in der gleichen Industrie in England beschäftigter Arbeiter drei Jahre Prosperität auf zehn verschafft würden.

(MEGA I/30, 286; MEW 4, 123/124)

[D]a die Masse der angewandten lebendigen Arbeit stets abnimmt im Verhältnis zu der Masse der von ihr in Bewegung gesetzten gegenständlichen Arbeit [...] so muss auch der Teil dieser lebendigen Arbeit, der unbezahlt ist und sich im Mehrwert ausdrückt, in einem stets abnehmenden Verhältnis stehn zum Wertumfang des angewandten Gesamtkapitals. Dies Verhältnis der Mehrwertsmasse zum Wert des angewandten Gesamtkapitals bildet aber die Profitrate, die daher beständig fallen muss.

(MEGA II/4.2, 287; MEW 25, 223)

[Die Profitrate] fällt also, nicht weil die Arbeit unproduktiver, sondern weil sie produktiver wird.

(MEGA II/4.2, 309; MEW 25, 250)

Dass die Kapitalisten, die so sehr gegen das »droit au travail«[6] schrien, nun überall von den Regierungen »öffentliche Unterstützung« verlangen und in Hamburg, Berlin, Stockholm, Kopenhagen, England selbst [...], also das »droit au profit«[7] auf allgemeine Unkosten geltend machen, ist schön.

(An Engels, 8. Dezember 1857; MEGA III/8, 209;
MEW 29, 223/224)

Es ist eine reine Tautologie zu sagen, dass die Krisen aus Mangel an zahlungsfähiger Konsumtion oder zahlungsfähigen Konsumenten hervorgehn. [...] Will man aber der Tautologie einen Schein tieferer Begründung dadurch geben, dass man sagt, die Arbeiterklasse erhalte einen zu geringen Teil ihres eignen Produkts, und dem Übelstand werde mithin abgeholfen, so-

6 Recht auf Arbeit
7 Recht auf Profit

bald sie größeren Anteil davon empfängt, ihr Arbeitslohn folglich wächst, so ist nur zu bemerken, dass
die Krisen jedesmal gerade *vorbereitet* werden durch
eine Periode, worin der Arbeitslohn allgemein steigt
und die *Arbeiterklasse realiter größeren Anteil an dem
für Konsumtion bestimmten Teil des jährlichen Produkts
erhält.*   (MEGA II/11, 742; MEW 24, 409)

Der Staat aber, die Regierung, gibt bekanntlich nur
scheinbar. Erst muss ihm gegeben werden, damit er
gebe. Wer aber soll ihm geben [...]? Der untergehen-
de Erwerbszweig, damit er noch schneller untergehe?
Oder der aufkommende, damit er schon im Auf-
kommen verkümmre? [...] Wenn eine europäische
Handelskrise ausbricht, so kann der preußische Staat
nichts ängstlicher in Betracht ziehen, als wie er den
gewohnten Steuerquellen durch Exekution und dgl.
die letzten Wassertropfen abpresse. Der arme preußische Staat! Damit der preußische Staat die Handelskrisen unschädlich mache, müsste er außer der
Nationalarbeit noch eine dritte Einnahmequelle in
den Wolken besitzen.   (MEW 6, 189/190)

Um die Preise zu halten, und so die eigentliche Ursache des Unheils abzuwehren, musste der Staat die Preise zahlen, die vor dem Ausbruch der Handelspanik
galten, und Wechsel diskontieren, die nichts ande-

res mehr repräsentieren als ausländische Bankrotte. Mit anderen Worten, das Vermögen der gesamten Gesellschaft, welche die Regierung vertritt, hätte die Verluste der privaten Kapitalisten zu vergüten. Diese Art Kommunismus, wo die Gegenseitigkeit völlig einseitig ist, erscheint den europäischen Kapitalisten ziemlich anziehend. (MEW 12, 340)

Willkürliche Bankgesetzgebung [...] kann diese Geldkrise erschweren. Aber keine Art Bankgesetzgebung kann die Krise beseitigen. [...] Eine ungeheure Masse dieser Wechsel stellen bloße Schwindeltransaktionen vor, die jetzt explodiert sind und ans Tageslicht kommen [...]. Das ganze künstliche System gewaltsamer Ausdehnung des Reproduktionsprozesses kann natürlich nicht dadurch kuriert werden, dass nun etwa eine Bank (die Bank of England z. B.) in Papier allen Schwindlern das ihnen fehlende Capital gibt und die sämtlichen Waren zu ihren alten Nominalwerten kauft. (MEGA II/4.2, 543; MEW 25, 507)

Alle Nationen kapitalistischer Produktionsweise werden daher periodisch von einem Schwindel ergriffen, worin sie ohne Vermittlung des Produktionsprozesses das Geldmachen vollziehen wollen.

(MEGA II/11, 591; MEW 24, 62)

In jeder Aktienschwindelei weiß jeder, dass das Unwetter einmal einschlagen muss, aber jeder hofft, dass es das Haupt seines Nächsten trifft, nachdem er selbst den Goldregen aufgefangen und in Sicherheit gebracht hat. (MEGA II/10, 243; MEW 23, 285)

Da mich diese lästige Krankheit sehr am Arbeiten hinderte – der Arzt mir ausserdem angestrengte und vielstündige geistige Arbeit untersagt hatte – habe ich, was Dich nicht wenig wundern wird, spekuliert teils in amerikanischen funds, namentlich aber in den engl. Aktienpapieren, die wie Pilze in diesem Jahr hier aus der Erde wachsen (für alle möglichen und unmöglichen Aktienunternehmungen), zu einer gewissen unvernünftigen Höhe getrieben werden und dann meist zerplatzen. Ich habe in dieser Art über 400£ St. gewonnen, und werde jetzt, wo die Verwicklung der politischen Verhältnisse neuen Spielraum bietet, von neuem anfangen. Diese Art von Operationen nimmt nur wenig Zeit fort, und man kann schon etwas riskieren um seinen Feinden das Geld abzunehmen.

(An Lion Philips, 25. Juni 1864; MEGA III/12, 575; MEW 30, 665)

Von dem Augenblicke an, wo der Fabrikant seine Baumwollstoffe nur noch mit Verlust verkaufen oder gar nicht verkaufen kann, hört er auf zu produzieren, hört er auf die Arbeiter zu beschäftigen, und mit dem Aufhören der Produktion [...] hört die Zirkulation auf. Wir werden die Zirkulation zwangsweise herstellen! ruft Hansemann[8] aus. Warum lässt der Fabrikant auch sein Geld nutzlos liegen? Warum lässt er es nicht zirkulieren? Wenn schönes Wetter ist, zirkulieren viele Leute im Freien. Hansemann treibt die Leute in's Freie, zwingt sie, zu zirkulieren, um das schöne Wetter herzustellen.

(MEGA I/7, 408; MEW 5, 263)

Ein Engländer ist nie unglücklicher, als wenn er nicht weiß, was er mit seinem Gelde anfangen soll. Dies ist das Geheimnis aller großartigen Spekulationen, aller gewinnbringenden Unternehmungen; aber auch das Geheimnis aller Falliten, aller Geldkrisen und aller Handelsmisere. (MEW 6, 326)

Die Schwierigkeit während der Krise ist eben, dass »alles Vermögen« aufgehört hat, »Geld« zu sein.

(MEGA I/5, 454; MEW 3, 381)

Die Geschichte scheint sich in dem Epigramm an die Ordnungsfreunde zu gefallen, dass gleichzeitig die arbeitenden Klassen revoltieren aus mangelnder

8 David Hansemann, 1848 Finanzminister Preußens.

Konsumtion und die höheren Klassen bankruttieren aus überflüssiger Produktion.

(MEGA I/10, 303; MEW 7, 294)

Da im Geldmarkt die Gesamtkrise eklatiert, sämtliche Wiedersprüche der bürgerlichen Produktion, als Symptome, die allerdings akzidentiell wieder Ursache werden, so nichts einfacher, als dass die bornierten, auf bürgerlichem Boden bleibenden Reformer, das Geld reformieren wollen. (MEGA IV/8, 231)

Die amerikanische Krise – von uns in der Novemberrevue 1850 als in New York ausbrechend vorhergesagt – ist beautiful. Der Rückschlag auf die französische Industrie war immediate, da die Seidenwaren jetzt wohlfeiler in New York verklopft, als in Lyons produziert werden. Der Jammer der englischen moneyarticle-writers, dass ihr englischer trade sound[9], aber ihre Kunden im Ausland unhealthy seien, ist originell und munter.

(An Engels, 20. Oktober 1857; MEGA III/8, 184; MEW 29, 198)

[D]er Schein sehr soliden Geschäfts und flüssiger Returns [kann] lange existieren [...], nachdem die Returns in der Tat nur noch auf Kosten teils beschisse-

9 Handel gesund/intakt

ner moneylenders, teils beschissener Produzenten gemacht werden. Daher scheint immer das Geschäft exceedingly sound grade kurz vor dem crash. Besten Beweis liefern z. B. die Reports on the Bankacts 1857, wo alle Bankdirektoren, Kommerzielle etc, kurz die ganzen Komitees sich wechselseitig über die Blüte und Soundness des Geschäfts gratulierten einen Monat (August 1857) bevor die Krise ausbrach.

(MEGA II/4.2, 540; MEW 25, 501/502)

Wir betrachten es als einen wesentlichen Mangel nicht nur des letzten Parlamentsberichts, sondern auch des »Berichts über die Handelskrise von 1847« [...], dass sie jede neue Krise als eine isolierte Erscheinung behandeln, welche erstmalig am sozialen Horizont erscheint und folglich nur durch jene Ereignisse, Bewegungen und Faktoren erklärt werden muss, die ausschließlich für eine Periode, die gerade zwischen der vorletzten und der letzten Erschütterung liegt, charakteristisch sind oder als charakteristisch angesehen werden. Wenn Naturforscher nach der gleichen schülerhaften Methode verführen, müsste selbst das Wiedererscheinen eines Kometen die Welt überraschen. (MEW 12, 571)

NATUR

Von dem Standpunkt einer höhern ökonomischen Gesellschaftsformation wird das Privateigentum einzelner Individuen an dem Erdball ganz so abgeschmackt erscheinen wie das Privateigentum eines Menschen auf einen andern Menschen. Selbst eine Gesellschaft, eine Nation, ja alle gleichzeitigen Gesellschaften zusammengenommen sind nicht *Eigentümer* der Erde. Sie sind nur ihre *Besitzer* [...] und haben sie als boni patres familias[10] den nachfolgenden Generationen verbessert zu hinterlassen.

(MEGA II/4.2, 718; MEW 25, 784)

Die Arbeit ist *nicht die Quelle* allen Reichtums. Die *Natur* ist ebenso sehr die Quelle der Gebrauchswerte (und aus solchen besteht doch wohl der sachliche Reichtum?) als die Arbeit, die selbst nur die Äußerung einer Naturkraft ist, der menschlichen Arbeitskraft. (MEGA I/25, 9; MEW 19, 15)

Und jeder Fortschritt der kapitalistischen Agrikultur ist nicht nur ein Fortschritt in der Kunst den *Arbeiter*, sondern zugleich in der Kunst *den Boden zu berau-*

10 gute Familienväter

ben, jeder Fortschritt in Steigerung seiner Fruchtbarkeit für eine gegebne Zeitfrist zugleich ein Fortschritt im Ruin der dauernden Quellen dieser Fruchtbarkeit. [...] Die kapitalistische Produktion entwickelt daher nur die Technik und Kombination des gesellschaftlichen Produktionsprozesses, indem sie zugleich die Springquellen allen Reichtums untergräbt: *Die Erde und den Arbeiter.*

(MEGA II/5, 410-413; MEW 23, 529/530)

Die Moral von der Geschichte, die man auch durch sonstige Betrachtung der Agrikultur gewinnen kann, ist die, dass das bürgerliche System einer rationellen Agrikultur widerstrebt oder die Agrikultur unverträglich ist mit dem bürgerlichen System (obgleich es ihre Entwicklung technologisch befördert), und entweder der Hand des kleinen Selbstbebauers oder der Kontrolle der assoziierten Produzenten bedarf.

(MEGA II/4.2, 191; MEW 25, 131)

Das »Wesen« des Flussfisches ist das Wasser eines Flusses. Aber dies hört auf, sein »Wesen« zu sein, es wird ein für ihn nicht mehr passendes Existenzmedium, sobald dieser Fluss der Industrie untertan gemacht, sobald er durch Farbstoffe & sonstige Abfälle verunreinigt, durch Dampfschiffe befahren, sobald sein Wasser in Gräben geleitet wird in denen man dem

Fisch sein Existenzmedium durch einfaches Ablassen entziehen kann. (MEGA I/5, 58/59)

Man sagt uns zum Beispiel, dass der Freihandel eine internationale Arbeitsteilung ins Leben rufen und damit jedem Lande eine mit seinen natürlichen Vorteilen harmonierende Produktion zuweisen würde. Sie glauben vielleicht, meine Herren, dass die Produktion von Kaffee und Zucker die natürliche Bestimmung von Westindien sei. Vor zwei Jahrhunderten hatte die Natur, die sich nicht um den Handel kümmert, dort weder Kaffeebäume noch Zuckerrohr gepflanzt. Und es wird vielleicht kein halbes Jahrhundert dauern, bis Sie dort weder Kaffee noch Zucker mehr finden, denn bereits hat Ostindien durch billigere Produktion gegen diese angeblich natürliche Bestimmung von Westindien den Kampf siegreich aufgenommen. (MEW 4, 456/457)

Der Fortschritt der Industrie liefert weniger kostspielige Existenzmittel. So hat der Schnaps das Bier, die Baumwolle Wolle und Leinen, die Kartoffel das Brot ersetzt. (MEW 4, 455)

Die unglaubliche Brotverfälschung, namentlich in London, wurde zuerst enthüllt durch das Komitee des Unterhauses »über die Verfälschung von Nahrungsmitteln« (1855-56) und Dr. Hassalls Schrift »Adulterations detected«. [...] Der bibelfeste Engländer wusste zwar, dass der Mensch, wenn nicht durch Gnadenwahl Kapitalist oder Landlord oder Sinekurist, dazu berufen ist, sein Brot im Schweiße seines Angesichts zu essen, aber er wusste nicht, dass er in seinem Brote täglich ein gewisses Quantum Menschenschweiß essen muss, getränkt mit Eiterbeulenausleerung, Spinnweb, Schaben-Leichnamen und fauler deutscher Hefe, abgesehn von Alaun, Sandstein und sonstigen angenehmen mineralischen Ingredienzien.

(MEGA II/6, 253/254; MEW 23, 263/264)

[E]in Blick in »The Lancet«, eine medizinische Zeitschrift, zeigt, dass die Verfälschung und Vergiftung von Nahrungsmitteln mit dem Freihandel bisher Schritt gehalten hat. »The Lancet« verursacht durch das Aufdecken stets neuer Mysterien jede Woche eine neue Panik in London. Das Blatt hat eine komplette Untersuchungskommission aus Ärzten, Chemikern etc. eingesetzt, um die in London verkauften Nahrungsmittel zu prüfen. Und die Berichte lauten regelmäßig dahin, dass alles verfälscht und vergiftet ist: der Kaffee, der Tee, der Essig, der Pfeffer, das marinierte Gemüse usw. Die Methoden der bourgeoisen Handelspolitik, sowohl Freihandel wie Schutzzoll, sind selbstverständlich gleicherweise außerstande, diese Tatsachen aus der Welt zu schaffen, die nur die natürlichen und notwendigen Resultate der ökonomischen Basis der Bourgeoisgesellschaft sind.

(MEGA I/11, 346; MEW 8, 369)

Gute *reine Luft* die Pestatmosphäre der englischen Kellerwohnungen! (MEGA I/2, 451; MEW 1, 396)

Die Bourgeoisie hat das Land der Herrschaft der Stadt unterworfen. Sie hat enorme Städte geschaffen, sie hat die Zahl der städtischen Bevölkerung gegenüber der ländlichen in hohem Grade vermehrt und so einen bedeutenden Teil der Bevölkerung dem Idiotismus des Landlebens entrissen. (MEW 4, 466)

Mit dem stets wachsenden Übergewicht der städtischen Bevölkerung, die sie in großen Zentren zusammenhäuft, häuft die kapitalistische Produktion einerseits die geschichtliche Bewegungskraft der Gesellschaft, stört sie anderseits den Stoffwechsel zwischen Mensch und Erde, d.h. die Rückkehr der vom Menschen in der Form von Nahrungs- und Kleidungsmitteln vernutzten Bodenbestandteile zum Boden, also die ewige Naturbedingung dauernder Bodenfruchtbarkeit. Sie zerstört damit zugleich die physische Gesundheit der Stadtarbeiter und das geistige Leben der Landarbeiter. (MEGA II/6, 476; MEW 23, 528)

Der Ackerbau ist außerdem der dümmsten Klasse der menschlichen Gesellschaft überwiesen und in seiner jetzigen Manier das Geisttödteste Geschäft.

(MEGA IV/4, 63)

Öffnet den Zensus von 1861 und ihr findet, dass die Zahl der männlichen Grundeigentümer von England und Wales von 16 934 im Jahr 1851 herabgesunken war zu 15 066 im Jahre 1861, so dass die Konzentration des Grundeigentums in 10 Jahren um 11 Prozent wuchs. Wenn die Konzentration des Landes in wenigen Händen gleichmäßig fortschreitet, wird sich die Grund- und Bodenfrage (the land question) ganz merkwürdig vereinfachen, wie zur Zeit des Römischen Kaiserreichs, als Nero grinste über die Entdeckung, dass die halbe Provinz von Afrika 6 Gentlemen angehörte.

(MEGA I/20, 8; MEW 16, 8/9)

Diese Produktivkräfte erhalten unter dem Privateigentum eine nur einseitige Entwicklung, werden für die Mehrzahl zu Destruktivkräften.

(MEGA I/5, 88; MEW 3, 60)

In diesen Gefängnissen werden die Tiere geboren und bleiben drin bis sie are killed off. Die Frage ist, ob dies System, verbunden mit dem der Züchtung, das die Tiere abnormal entwickelt, und ihre Knochen

unterdrückt hat, um sie in bloße Fleisch- und Fett-
massen zu verwandeln, früher aber (vor 1848) akti-
viert war durch möglichsten Aufenthalt in freier Luft,
nicht schließlich den Grund zu großem Verderb der
Lebenskraft legen wird? (MEGA IV/18)

Sehr interessant ist von [Carl] Fraas (1847): »Klima
und Pflanzenwelt in der Zeit, eine Geschichte beider«,
nämlich zum Nachweis, dass in historischer Zeit Klima und Flora wechseln. Er ist vor Darwin Darwinist
und lässt die Arten selbst in der historischen Zeit
entstehn. [...] Er behauptet, dass mit der Kultur – entsprechend ihrem Grad – die von den Bauern sosehr
geliebte »Feuchtigkeit« verlorengeht (daher auch die
Pflanzen von Süden nach Norden wandern) und endlich Steppenbildung eintritt. Die erste Wirkung der
Kultur nützlich, schließlich verödend durch Enthol-
zung etc. [...] Das Fazit ist, dass die Kultur – wenn
naturwüchsig vorschreitend und nicht *bewusst beherrscht* (dazu kommt er natürlich als Bürger nicht) –
Wüsten hinter sich zurück lässt.

(An Engels, 25. März 1868; MEW 32, 52/53)

Wie sehr ein Teil der Ökonomen von dem der Warenwelt anklebenden Fetischismus oder dem gegenständlichen Schein der gesellschaftlichen Arbeitsbestim-
mungen getäuscht wird, beweist u. a. der langweilig

abgeschmackte Zank über die Rolle der Natur in der Bildung des Tauschwerts. Da Tauschwert eine bestimmte gesellschaftliche Manier ist, die auf ein Ding verwandte Arbeit auszudrücken, kann er nicht mehr Naturstoff enthalten als etwa der Wechselkurs. [...] Bisher hat noch kein Chemiker Tauschwert in Perle oder Diamant entdeckt.

(MEGA II/6, 112/113; MEW 23, 97/98)

Zweitens aber ist dieser *Preis des Wasserfalls* überhaupt ein irrationeller Ausdruck, hinter dem sich ein reelles ökonomisches Verhältnis versteckt. Der Wasserfall, wie die Erde überhaupt, wie alle Naturkraft, hat keinen *Wert*, weil er keine in ihm vergegenständlichte Arbeit darstellt, und daher auch keinen *Preis*, der normaliter nichts ist als der in Geld ausgedrückte Wert. [...] Dieser Preis ist nichts als die *kapitalisierte Rente.*   (MEGA II/4.2, 760/761; MEW 25, 660/661)

Der Naturkultus des Herrn [Georg Friedrich] Daumer ist übrigens eigner Art. Es ist ihm gelungen, selbst gegenüber dem Christentum reaktionär aufzutreten. Er versucht die alte, vorchristliche Naturreligion in modernisierter Form herzustellen. Dabei bringt er es freilich nur zu einer christlich-germanisch-patriarchalischen Naturfaselei [...]. Der Naturkultus beschränkt sich, wie wir sehen, auf die sonntäglichen

Spaziergänge des Kleinstädters, der seine kindliche Verwunderung darüber zu erkennen gibt, dass der Kuckuck seine Eier in fremde Nester legt.

(MEGA I/10, 200/201; MEW 7, 202)

Was die Karbunkel angeht, so steht es so: Von dem obern hatte ich Dir, mit meiner langen Praxis, gesagt, dass er eigentlich geschnitten werden müsse. Heute (Dienstag), nach Empfang Deines Briefes, nahm ich ein scharfes Rasiermesser [...] und schnitt den Hund in eigner Person. (Ich kann Ärzte nicht zwischen den Geschlechtsteilen oder in ihrer Nähe dulden. [...] Das sang brûlé, as Mrs. Lormier says, quillte, sprang vielmehr, hoch empor, und ich betrachte diesen Karbunkel nun als begraben, obgleich it still wants some nursing. Was den untern Hund angeht, so wird er bösartig; er ist außer meiner Kontrolle; hat mich die ganze Nacht nicht schlafen lassen. Geht diese Schweinerei voran, so muss ich natürlich [Dr.] Allen kommen lassen, da ich unfähig bin, in Folge des locus des Hundes, ihn selbst to watch and cure. Im Übrigen ist es klar, dass ich, on the whole, von Karbunkelkrankheit mehr weiß als die meisten Ärzte.

(An Engels, 20. Februar 1866)

Sehr bedeutend ist [Charles] Darwins Schrift und passt mir als naturwissenschaftliche Unterlage des geschichtlichen Klassenkampfes. Die grob englische Manier der Entwicklung muss man natürlich mit in den Kauf nehmen. Trotz allem Mangelhaften ist hier zuerst der »Teleologie« in der Naturwissenschaft nicht nur der Todesstoß gegeben, sondern der rationelle Sinn derselben empirisch auseinandergelegt.

(An Ferdinand Lassalle, 16. Januar 1861; MEGA III/11, 316; MEW 30, 578)

Es ist merkwürdig, wie Darwin unter Bestien und Pflanzen seine englische Gesellschaft mit ihrer Teilung der Arbeit, Konkurrenz, Aufschluss neuer Märkte, »Erfindungen« und Malthus'schem »Kampf ums Dasein« wiedererkennt. Es ist [Thomas] Hobbes' bellum omnium contra omnes[11], und es erinnert an Hegel in der »Phänomenologie«, wo die bürgerliche Gesellschaft als »geistiges Tierreich«, während bei Darwin das Tierreich als bürgerliche Gesellschaft figuriert.

(An Engels, 18. Juni 1862; MEGA III/12, 137; MEW 30, 249)

11 Krieg aller gegen alle

POLITISCHE ÖKONOMIE

In keiner Wissenschaft außer der politischen Ökonomie herrscht so große Wichtigtuerei mit elemen-
tarischer Gemeinplätzlichkeit.

(MEGA II/6, 138; MEW 23, 128)

Die Bourgeoisie hatte in Frankreich und England politische Macht erobert. Von da an gewann der Klassenkampf, praktisch und theoretisch, mehr und mehr
ausgesprochne und drohende Formen. Er läutete die
Totenglocke der wissenschaftlichen bürgerlichen Ökonomie. Es handelte sich jetzt nicht mehr darum, ob
dies oder jenes Theorem wahr sei, sondern ob es dem
Kapital nützlich oder schädlich, bequem oder unbe-
quem, ob polizeiwidrig oder nicht. An die Stelle un-
eigennütziger Forschung trat bezahlte Klopffechterei,
an die Stelle unbefangner wissenschaftlicher Untersu-
chung das böse Gewissen und die schlechte Absicht
der Apologetik.   (MEGA II/6, 702/703; MEW 23, 21)

Um es ein für allemal zu bemerken, verstehe ich unter klassischer politischer Ökonomie alle Ökonomie
seit W[illiam] Petty, die den innern Zusammenhang
der bürgerlichen Produktionsverhältnisse erforscht
im Gegensatz zur Vulgärökonomie, die sich nur in-

nerhalb des scheinbaren Zusammenhangs herumtreibt, für eine plausible Verständlichmachung der sozusagen gröbsten Phänomene und den bürgerlichen Hausbedarf das von der wissenschaftlichen Ökonomie längst gelieferte Material stets von neuem wiederkaut, im Übrigen aber sich darauf beschränkt, die banalen und selbstgefälligen Vorstellungen der bürgerlichen Produktionsagenten von ihrer eignen besten Welt zu systematisieren, pedantisieren und als ewige Wahrheiten zu proklamieren.

(MEGA II/6, 111; MEW 23, 95)

Dass in der *Erscheinung* die Dinge sich oft verkehrt darstellen, ist ziemlich in allen Wissenschaften bekannt, außer in der politischen Ökonomie.

(MEGA II/5, 435; MEW 23, 55)

Die kontinentale Revolution von 1848-49 schlug auch auf England zurück. Männer, die noch wissenschaftliche Bedeutung beanspruchten und mehr sein wollten als bloße Sophisten und Sykophanten der herrschenden Klassen, suchten die politische Ökonomie des Kapitals in Einklang zu setzen mit den jetzt nicht länger zu ignorierenden Ansprüchen des Proletariats. Daher ein geistloser Synkretismus, wie ihn John Stuart Mill am besten repräsentiert.

(MEGA II/6, 693; MEW 23, 21)

Dieser *Mill* Junior ist ein merkwürdiges Beispiel von der Verzweiflung, worin der *theoretische Bourgeois* geraten ist. Erst sagt er die Ökonomen haben Recht, man versteht sie nicht, sie stellen scheinbar paradoxe Sätze auf. Dann zeigt er, dass diese Sätze wirklich abgeschmackt sind. Die Heilmittel, die er gibt sind eben so abgeschmackt. Und schließlich hat er dann den ökonomischen Satz, den er widerlegt hat, bewiesen! (MEGA IV/4, 340)

Nachdem uns [John Stuart] Mill derart klärlich erwiesen, dass die kapitalistische Produktion, selbst wenn sie nicht existierte, dennoch immer existieren würde, ist er nun konsequent genug, zu beweisen, dass sie selbst dann nicht existiert, wenn sie existiert: [...] In der platten Ebene erscheinen auch Erdhaufen als Hügel; man messe die Plattheit unsrer heutigen Bourgeoisie am Kaliber ihrer »großen Geister«. (MEGA II/10, 465; MEW 23, 541)

Herr *J. St. Mill* versteht es, mit der ihm geläufigen eklektischen Logik, der Ansicht seines Vaters J[ames] Mill und zugleich der entgegengesetzten zu sein. Vergleicht man den Text seines Compendiums: »*Princ. of Pol. Econ.*« mit der Vorrede (erste Ausgabe), worin er sich selbst als Adam Smith der Gegenwart ankündet, so weiß man nicht, was mehr bewundern, die

Naivetät des Mannes oder die des Publikums, das ihn auf Treu und Glauben in den Kauf nahm als Adam Smith [...] (MEGA II/5, 83; MEW 23, 138/139)

Noch bequemer ist es natürlich, sich unter Wert gar nichts zu denken. Man kann dann ohne Umstände alles unter diese Kategorie subsumieren. So z. B. *J[ean] B[aptiste] Say*. Was ist »*valeur*«? Antwort: »Das, was eine Sache wert ist«, und was ist »*prix*«? Antwort: »Der Wert einer Sache ausgedrückt in Geld.« Und warum hat »die Arbeit der Erde ... einen Wert? Weil man ihr einen Preis zuerkennt«. Also Wert ist, was ein Ding wert ist, und die Erde hat einen »Wert«, weil man ihren Wert »in Geld ausdrückt«. Dies ist jedenfalls eine sehr einfache Methode, sich über das why und wherefore der Dinge zu verständigen.

(MEGA II/5, 435; MEW 23, 560)

Sollte der Leser an *[Thomas Robert] Malthus* erinnern, dessen »*Essay on Population*« 1798 erschien, so erinnere ich, dass diese Schrift in ihrer ersten Form [...] nichts als ein schülerhaft oberflächliches und pfäffisch verdeklamiertes *Plagiat* aus Sir James Steuart, Townsend, Franklin, Wallace usw. ist und *nicht einen einzigen selbstgedachten Satz* enthält.

(MEGA II/5, 497; MEW 23, 644)

Malthus, über seinen Erfolg hocherstaunt, gab sich dann daran, oberflächlich kompiliertes Material in das alte Schema zu stopfen und neues, aber nicht von Malthus entdecktes, sondern nur annexiertes, zuzufügen. (MEGA II/10, 553; MEW 23, 644/645)

Aber die konservativen Interessen, deren Knecht Malthus war, hinderten ihn zu sehn, dass die maßlose Verlängerung des Arbeitstags, zugleich mit außerordentlicher Entwicklung der Maschinerie und der Exploitation der Weiber- und Kinderarbeit, einen großen Teil der Arbeiterklasse »überzählig« machen mussten, namentlich sobald die Kriegsnachfrage und das englische Monopol des Weltmarkts aufhörten. Es war natürlich weit bequemer und den Interessen der herrschenden Klassen, die Malthus echt pfäffisch idolatrisiert, viel entsprechender, diese »Übervölkerung« aus den ewigen Gesetzen der Natur als aus den nur historischen Naturgesetzen der *kapitalistischen* Produktion zu erklären.

(MEGA II/5, 428; MEW 23, 551)

Herr [Friedrich Albert] Lange hat nämlich eine große Entdeckung gemacht. Die ganze Geschichte ist unter ein einziges großes Naturgesetz zu subsumieren. [...] Man muss zugeben, dass dies eine sehr einbringliche Methode – für gespreizte, wissenschaft-

lich tuende, hochtrabende Unwissenheit und Denk-
faulheit ist.

(An Ludwig Kugelmann, 27. Juni 1870; MEW 32, 685/686)

Herr [William Thomas] Thorntons Entwicklung läuft
darauf hinaus: Erst macht der Fortschritt der Industrie die Bevölkerung redundant, indem sie ihr die ge-
wohnte Beschäftigung entzieht und sie so verarmt;
und dann wird die Verarmung wieder eine Quelle zu
rasch wachsender Bevölkerung. Beweis hat Thorn-
ton nicht den geringsten geliefert.

(MEGA IV/9, 245)

Er [Archibald Alison] tröstet sich meistens biblisch:
»the poor will be always with us.« Wenn er selbst
nicht der poor ist, sehr erträglich.

(MEGA IV/9, 263)

[...] selbst die besten Ökonomen, such as ipsissimus
Ricardo, [verfallen] in reines kindisches Geschwätz
[...], wenn sie auf die bürgerliche Denktretmühle geraten.

(An Engels, 5. März 1858; MEGA III/9, 93; MEW 29, 297/298)

Gewiss, die Sprache Ricardos ist so zynisch wie nur
etwas. Die Fabrikkosten von Hüten und die Unter-
haltskosten von Menschen in ein und dieselbe Rei-

he stellen, heißt die Menschen in Hüte verwandeln. Aber man schreie nicht zu sehr über den Zynismus. Der Zynismus liegt in der Sache und nicht in den Worten, welche die Sache bezeichnen.

(MEGA I/30, 253; MEW 4, 82/83)

Auch Ricardo ist nicht ohne seine Robinsonade. Den Urfischer und den Urjäger lässt er sofort als Warenbesitzer Fisch und Wild austauschen, im Verhältnis der in diesen Tauschwerten vergegenständlichten Arbeitszeit. Bei dieser Gelegenheit fällt er in den Anachronismus, dass Urfischer und Urjäger zur Berechnung ihrer Arbeitsinstrumente die 1817 auf der Londoner Börse gangbaren Annuitätentabellen zu Rate ziehn.

(MEGA II/6, 107; MEW 23, 90)

[Ricardo] starb rechtzeitig gerade vor dem Ausbruch der Krise von 1825, die seine Prophezeiung Lügen strafte.

(MEGA II/2, 237; MEW 13, 153)

Was beweist es für die Nationalökonomie, dass [Simonde de] Sismondi und [Jean-Baptiste] Say aus ihr herausspringen müssen, um unmenschliche Konsequenzen zu bekämpfen? Weiter nichts, als dass die Menschlichkeit außer der Nationalökonomie und die Unmenschlichkeit in ihr liegt.

(MEGA IV/2, 421)

Die »Ausnahme« des [John Ramsay] MacCulloch beweist also nur sein Missverständnis der Regel.

(MEGA II/5, 423; MEW 23, 454/455)

Herr Mc.Culloch behauptet, dass die Krankheit in Manchester etc den Fabrikstädten abgenommen hat; d.h. die akuten Krankheiten haben sich in chronische verwandelt, wie die akute Brutalität der ersten Manufacturiers in eine chronische.

(MEGA IV/4, 270)

Adam Smith hat seinen schottischen Weisheitsspruch, dass, »wenn ihr ein wenig gewonnen habt, es oft leicht wird, viel zu gewinnen, die Schwierigkeit aber darin liegt, das Wenige zu gewinnen«, auch auf geistigen Reichtum angewandt und daher mit kleinlicher Sorgfalt die Quellen verheimlicht, denen er das Wenige verdankt, woraus er in der Tat viel macht.

(MEGA II/2, 228; MEW 13, 142)

Herr Professor [Wilhelm] Roscher will entdeckt haben, dass eine Nähmamsell, die während zwei Tagen von der Frau Professorin beschäftigt wird, mehr Arbeit liefert, als zwei Nähmamsellen, welche die Frau Professorin am selben Tage beschäftigt. Der Herr Professor stelle seine Beobachtungen über den kapitalistischen Produktionsprozess nicht in der Kinderstu-

be an und nicht unter Umständen, worin die Haupt-
person fehlt, der Kapitalist.

(MEGA II/5, 261/262; MEW 23, 343)

Die klassische Ökonomie liebte es von jeher, das gesellschaftliche Kapital als eine fixe Größe von fixem
Wirkungsgrad aufzufassen. Aber das Vorurteil ward
erst zum Dogma befestigt durch den Urphilister Jeremias Bentham, dies nüchtern pedantische, schwatz-
lederne Orakel des gemeinen Bürgerverstandes des
19. Jahrhunderts. (MEGA II/6, 558; MEW 23, 636)

Mit solchem Schund hat der brave Mann [...] Berge
von Büchern gefüllt. Wenn ich die Courage meines
Freundes H. Heine hätte, würde ich Herrn Jeremias
[Bentham] ein Genie in der bürgerlichen Dummheit nennen. (MEGA II/6/559; MEW 23, 637)

Mit der Entwicklung der kapitalistischen Produktion
während der Manufakturperiode hatte die öffentliche Meinung von Europa den letzten Rest von Scham-
gefühl und Gewissen eingebüßt. Die Nationen renom-
mierten zynisch mit jeder Infamie, die ein Mittel zu
Kapitalakkumulation. Man lese z. B. die naiven Han-
delsannalen des Biedermanns [Adam] Anderson. Hier
wird es als Triumph englischer Staatsweisheit aus-
posaunt, dass England im Frieden von Utrecht den

Spaniern durch den Asientovertrag das Privilegium abzwang, den Negerhandel, den es bisher nur zwischen Afrika und dem englischen Westindien betrieb, nun auch zwischen Afrika und dem spanischen Amerika betreiben zu dürfen.

(MEGA II/6, 679; MEW 23, 787)

Wenn ein Denkriese wie Aristoteles in seiner Würdigung der Sklavenarbeit irrte, warum sollte ein Zwergökonom, wie Bastiat, in seiner Würdigung der Lohnarbeit richtig gehn? (MEGA II/6, 111; MEW 23, 96)

Es ist das Verdienst [Johann Heinrich] Thünens gefragt zu haben. Seine Antwort ist einfach kindisch.

(MEGA II/6, 568; MEW 23, 649)

Unsre ganze Analyse der Produktion des Mehrwerts beweist die Abgeschmacktheit dieser Schlussfolgerung, hätte [Henry] Carey selbst seine Prämisse bewiesen, statt seiner Gewohnheit gemäß unkritisch und oberflächlich zusammengerafftes statistisches Material kunterbunt durcheinanderzuwürfeln.

(MEGA II/6, 520/521; MEW 23, 587)

In der wirklichen Geschichte spielen bekanntlich Eroberung, Unterjochung, Raubmord, kurz Gewalt die große Rolle. In der sanften politischen Ökonomie herrschte von jeher die Idylle. Recht und »Arbeit« waren von jeher die einzigen Bereicherungsmittel, natürlich mit jedesmaliger Ausnahme von »diesem Jahr«. In der Tat sind die Methoden der ursprünglichen Akkumulation alles andre, nur nicht idyllisch.

(MEGA II/6, 644; MEW 23, 742)

[Adolphe] Thiers, diese Zwergmissgeburt, hat die französische Bourgeoisie mehr als ein halbes Jahrhundert lang bezaubert, weil er der vollendetste geistige Ausdruck ihrer eigenen Klassenverderbtheit ist. Ehe er Staatsmann wurde, hatte er schon seine Stärke im Lügen als Geschichtsschreiber dargetan. Die Chronik seines öffentlichen Lebens ist die Geschichte der Unglücke Frankreichs.   (MEGA I/22, 183; MEW 17, 322)

Es ist klar, dass ihm die tiefer liegenden Strömungen der modernen Gesellschaft ewig verborgen bleiben mussten; aber selbst die handgreiflichsten Veränderungen auf der gesellschaftlichen Oberfläche widerstrebten einem Gehirn, dessen ganze Lebenskraft in die Zunge geflüchtet war. [...] Thiers war konsequent nur in seiner Gier nach Reichtum und in seinem Hass gegen die Leute, die ihn hervorbringen. Er trat in sein erstes Ministerium unter Louis-Philippe arm wie Hiob; er verließ es als Millionär.

(MEGA I/22, 128; MEW 17, 325)

Edmund Burke [...] Dieser Sykophant, der im Sold der englischen Oligarchie den Romantiker gegenüber der Französischen Revolution spielte, ganz wie er, beim Beginn der amerikanischen Wirren im Sold der nord-amerikanischen Kolonien gegenüber der englischen Oligarchie den Liberalen gespielt hatte, war durch und durch ordinärer Bourgeois: »Die Gesetze des Handels sind die Gesetze der Natur und folglich die Gesetze Gottes.« (*E. Burke* l. c. p. 31, 32.) Kein Wunder, dass er, den Gesetzen Gottes und der Natur getreu, stets sich selbst auf dem besten Markt verkauft hat!

(MEGA II/5, 607; MEW 23, 788)

Wenn nun auch [John] Wade bemerkt, dass die Arbeiter [im Jahr 1496] schlechter gekleidet waren etc, wie jetzt, so heißt das nichts, da der Königspalast in Schottland nur halbe Glasfenster damals hatte.

(MEGA IV/4, 307)

Ich zitiere dies Schriftchen, weil es eine wahre Gosse aller längst verfaulten, apologetischen Gemeinplätze [ist]. Derselbe Herr [John] Watts machte früher in Owenismus und publizierte 1842 ein andres Schriftchen [...], worin er u. a. Property für Robbery erklärt. Es ist schon lange her.   (MEGA II/6, 512; MEW 23, 574)

[N]ur derselbe *Sensationsschriftsteller*, [Pierre-Joseph] Proudhon, der die Warenproduktion fortbestehn lassen und das Geld aufheben wollte, war fähig, das Ungeheuer eines *Crédit Gratuit*[12] zu erträumen, dieses frommen Wunsches des kleinbürgerlichen Standpunkts. Es ist dies das natürliche Feld aller leeren Projektenmacher und Windbeutel.

(MEGA II/4.2, 662/663; MEW 25, 621)

Proudhons Entdeckung des »*Crédit gratuit*« und die auf ihn basierte »*Volksbank*« [...] waren seine letzten ökonomischen »Taten«. [...] das *zinstragende Kapital* als die *Hauptform des Kapitals* betrachten, aber eine besondere Anwendung des Kreditwesens [...] zur Basis der Gesellschaftsumgestaltung machen wollen, ist eine durchaus *spießbürgerliche* Phantasie.

(MEGA I/20, 65/66; MEW 16, 30/31)

Proudhons [...] Schularbeit über die »*Langue universelle*« zeigt, wie ungeniert er sich an Probleme wagte, zu deren Lösung ihm noch die ersten Vorkenntnisse fehlten. Sein erstes Werk »*Qu'est-ce que la Propriété?*« ist unbedingt sein bestes Werk. Es ist epochemachend, wenn nicht durch neuen Inhalt, so doch durch die neue und kecke Art, Altes zu sagen.

(MEGA I/20, 60; MEW 16, 25)

12 zinsloser Kredit

In der »*Philosophie de la Misère*« springen alle Mängel der Proudhon'schen Darstellungsweise [...] sehr
ungünstig hervor. Der Stil ist oft, was die Franzosen
ampoulé[13] nennen. Hochtrabend spekulatives Kau-
derwelsch, deutsch-philosophisch sein sollend, tritt
regelrecht ein, wo ihm die gallische Verstandesschärfe
ausgeht. Ein marktschreierischer, selbstlobhudelnder, ein renommistischer Ton, namentlich das stets
so unerquickliche Gesalbader von, und falsches Ge-
pränge mit »*Wissenschaft*«, gellt einem fortwährend
ins Ohr.   (MEGA I/20, 65; MEW 16, 29/30)

Die Februarrevolution kam Proudhon in der Tat sehr
ungelegen, da er just einige Wochen zuvor unwider-
leglich bewiesen hatte, dass »*die Ära der Revolutionen*«
für immer vorüber sei.   (MEGA I/20, 65; MEW 16, 30)

Der alte Esel [Arnold] Ruge hat, wie ich höre, einen
Versuch gemacht, seine »Deutschen Jahrbücher« wieder aufzuwärmen. So weit, dass diese wieder möglich werden, wird die Geschichte nicht zurückgehn.
(An Ferdinand Lassalle, 21. Dezember 1857; MEGA III/8, 224)

13 schwülstig

PROLETARIAT

Unter »Proletarier« ist ökonomisch nichts zu verstehn als der Lohnarbeiter, der »Kapital« produziert und verwertet und aufs Pflaster geworfen wird, sobald er für die Verwertungsbedürfnisse des »Monsieur Capital« [...] überflüssig ist.   (MEGA II/6, 562; MEW 23, 642)

Es zeigte sich [...], dass alle Methoden zur Steigerung der gesellschaftlichen Produktivkraft der Arbeit *in der kapitalistischen Form* sich auf Kosten des individuellen Arbeiters entwickeln, dass alle Mittel zur Bereicherung der Produktion in Beherrschungs- und Exploitationsmittel des Produzenten umschlagen, dass sie den Arbeiter in einen Teilmenschen verstümmeln, ihn zum Anhängsel der Maschine entwürdigen, mit der Qual der Arbeit ihren Inhalt vernichten, ihm die geistigen Potenzen des Arbeitsprozesses entfremden, [...] die Bedingungen, innerhalb deren er arbeitet, beständig anormaler machen, ihn während des Arbeitsprozesses der kleinlichst gehässigen Despotie unterwerfen, seine Lebenszeit in Arbeitszeit verwandeln, sein Weib und Kind unter das Juggernautrad des Kapitals schleudern.   (MEGA II/5, 520; MEW 23, 674)

Worin besteht nun die Entäußerung der Arbeit? Erstens, dass die Arbeit dem Arbeiter *äußerlich* ist, d. h. nicht zu seinem Wesen gehört, dass er sich daher in seiner Arbeit nicht bejaht, sondern verneint, nicht wohl, sondern unglücklich fühlt, keine freie physische und geistige Energie entwickelt, sondern seine Physis abkastet und seinen Geist ruiniert. Der Arbeiter fühlt sich daher erst außer der Arbeit bei sich und in der Arbeit außer sich. Zu Hause ist er, wenn er nicht arbeitet, und wenn er arbeitet, ist er nicht zu Haus. Seine Arbeit ist daher nicht freiwillig, sondern gezwungen, *Zwangsarbeit*.

(MEGA I/2, 238; MEW 40, 514)

Die kapitalistische Produktion ist nicht nur *Produktion von Ware*, sie ist wesentlich *Produktion von Mehrwert*. Der Arbeiter produziert nicht für sich, sondern für das Kapital. Es genügt daher nicht länger, dass er überhaupt produziert. Er muss Mehrwert produzieren. *Nur der Arbeiter ist produktiv, der Mehrwert für den Kapitalisten produziert oder zur Selbstverwertung des Kapitals dient.* [...] so ist ein Schulmeister produktiver Arbeiter, wenn er nicht nur Kinderköpfe bearbeitet, sondern sich selbst abarbeitet zur Bereicherung des Unternehmers. Dass der sein Kapital in einer Lehrfabrik angelegt hat, statt in einer Wurstfabrik, ändert nichts an dem Verhältnis. [...] Produktiver Arbeiter zu sein, ist daher kein Glück, sondern ein Pech. (MEGA II/5, 413/414; MEW 23, 532)

Was die Arbeitsteilung in der modernen Gesellschaft charakterisiert, ist die Tatsache, dass sie die Spezialitäten, die Fachleute und mit ihnen den Fachidiotismus erzeugt. (MEGA I/30, 313; MEW 4, 157)

Steigender Preis der Arbeit infolge der Akkumulation des Kapitals besagt in der Tat nur, dass der Umfang und die Wucht der goldnen Kette, die der Lohnarbeiter sich selbst bereits geschmiedet hat, ihre losere Spannung erlauben.

(MEGA II/6, 565; MEW 23, 646)

Die Nationalität des Arbeiters ist nicht französisch, nicht englisch, nicht deutsch, sie ist die Arbeit, das freie Sklaventum, die Selbstverschacherung. Seine Regierung ist nicht französisch, nicht englisch, nicht deutsch, sie ist das Kapital. Seine heimatliche Luft ist nicht die französische, nicht die deutsche, nicht die englische Luft, sie ist die Fabrikluft.

(Entwurf über Friedrich List)

[E]s herrscht in allen großen Industriezentren Englands ein tiefer Antagonismus zwischen dem irischen und englischen Proletarier. Der gewöhnliche engli-

sche Arbeiter hasst den irischen als einen Konkurren-
ten, der die Löhne und den Standard of Life herab-
drückt. Er empfindet ihm gegenüber nationale und
religiöse Antipathien. Er betrachtet ihn fast mit den-
selben Augen, wie die poor whites der Südstaaten
Nordamerikas die schwarzen Sklaven betrachteten.
Dieser Antagonismus zwischen den Proletariern in
England selbst wird von der Bourgeoisie künstlich
geschürt und wachgehalten. Sie weiß, dass diese Spal-
tung das wahre Geheimnis der Erhaltung ihrer Macht
ist.   (MEGA I/21, 162; MEW 16, 416/417)

In den *Vereinigten Staaten* von Nordamerika blieb jede selbständige Arbeiterbewegung gelähmt, so lange die Sklaverei einen Teil der Republik verunstalte-
te. Die Arbeit in weißer Haut kann sich nicht dort
emanzipieren, wo sie in schwarzer Haut gebrandmarkt wird.   (MEGA II/5, 239/240; MEW 23, 318)

Die direkte Sklaverei ist der Angelpunkt der bürgerlichen Industrie, ebenso wie die Maschinen etc. Ohne Sklaverei keine Baumwolle; ohne Baumwolle keine moderne Industrie. Nur die Sklaverei hat den Kolonien ihren Wert gegeben; die Kolonien haben den
Welthandel geschaffen; und der Welthandel ist die Bedingung der Großindustrie.

                     (MEGA I/30, 292; MEW 4, 132)

Apropos, ein gewisser Herr de Gobineau hat il y a à peu pres dix ans[14] ein vierbändiges Werk »Sur l'Inegalite des races humaines« veröffentlicht und vor allem zu dem Zweck geschrieben, um zu beweisen, dass »la race blanche« eine Art Gott unter den anderen Menschenrassen ist, und natürlich sind die vornehmen Familien der »race blanche« wiederum la creme de la creme. [...] (für solche Leute ist es stets eine Quelle der Genugtuung, jemanden zu haben, den sie ihrer Ansicht nach berechtigt sind zu mepriser[15]).

(An Laura und Paul Lafargue, 5. März 1870; MEW 32, 655/656)

Die tiefe Heuchelei der bürgerlichen Zivilisation und die von ihr nicht zu trennende Barbarei liegen unverschleiert vor unseren Augen, sobald wir den Blick von ihrer Heimat, in der sie unter respektablen Formen auftreten, nach den Kolonien wenden, wo sie sich in ihrer ganzen Nacktheit zeigen.

(MEGA I/12, 252; MEW 9, 225)

Der römische Sklave war durch Ketten, der Lohnarbeiter ist durch unsichtbare Fäden an seinen Eigentümer gebunden.   (MEGA II/5, 464; MEW 23, 599)

14 vor etwa zehn Jahren
15 verachten

Je größer der gesellschaftliche Reichtum, das funktionierende Kapital, Umfang und Energie seines Wachstums, also auch die absolute Größe der Arbeiterbevölkerung und die Produktivkraft ihrer Arbeit, desto größer die relative Surpluspopulation oder industrielle Reservearmee. Die disponible Arbeitskraft wird durch dieselben Ursachen entwickelt, wie die Expansivkraft des Kapitals. Die verhältnismäßige Größe der industriellen Reservearmee wächst also mit den Potenzen des Reichtums. Je größer aber diese Reservearmee im Verhältnis zur aktiven Arbeiterarmee, desto massenhafter die konsolidierte Surpluspopulation oder die Arbeiterschichten, deren Elend im umgekehrten Verhältnis zu ihrer Arbeitsqual steht. Je größer endlich die Lazarusschichte der Arbeiterklasse und die industrielle Reservearmee, desto größer der offizielle Pauperismus. Dies ist das absolute, allgemeine Gesetz der kapitalistischen Akkumulation.

(MEGA II/6, 587; MEW 23, 673/674)

Mit der durch sie selbst produzierten Akkumulation des Kapitals produziert die Arbeiterbevölkerung also in wachsendem Umfang die Mittel ihrer eignen relativen Überzähligmachung.

(MEGA II/6, 575; MEW 23, 660)

Die Akkumulation von Reichtum auf dem einen Pol
ist also zugleich Akkumulation von Elend, Arbeitsqual, Sklaverei, Unwissenheit, Brutalisierung und mo-
ralischer Degradation auf dem Gegenpol.

(MEGA II/5, 520; MEW 23, 675)

Ein großes Eisenbahnunglück hat Hunderte von Pas-
sagieren in die andre Welt expediert. Die *Nachlässig-
keit* der Eisenbahnarbeiter ist die Ursache des Un-
glücks. Sie erklären vor den Geschwornen einstim-
mig, vor 10 bis 12 Jahren habe ihre Arbeit nur 8 Stunden täglich gedauert. Während der letzten 5-6 Jahre
habe man sie auf 14, 18 und 20 Stunden aufgeschraubt
und bei besonders lebhaftem Zudrang der Reiselus-
tigen [...] währe sie oft ununterbrochen 40-50 Stunden. Sie seien gewöhnliche Menschen und keine Zy-
klopen. Auf einem gegebnen Punkt versage ihre Arbeitskraft. Torpor ergreife sie. Ihr Hirn höre auf zu
denken und ihr Auge zu sehn.

(MEGA II/5, 197; MEW 23, 267/268)

Je mehr das Produktivkapital also anwächst, desto
mehr steigert sich die Konkurrenz unter den Arbeitern, und zwar in viel stärkerem Verhältnis. Die Ent-
lohnung der Arbeit nimmt ab für alle, und die Ar-
beitslast vermehrt sich für einige. 1829 gab es in
Manchester 1088 Spinner, die in 36 Fabriken beschäf-

tigt waren. 1841 gab es nur noch 448, und diese Arbeiter bedienten 53353 Spindeln mehr als die 1088 von 1829. Wenn die Handarbeit zugenommen hätte in demselben Maße wie die Produktivkraft, so hätte die Zahl der Arbeiter auf 1848 steigen müssen; die technischen Verbesserungen haben also 1100 Arbeiter außer Arbeit gesetzt. Wir kennen im voraus die Antwort der Ökonomen. Diese außer Arbeit gesetzten Leute, sagen sie, werden eine andere Beschäftigung finden. [...] Der ganze Trost [...] und überhaupt die ganze Doktrin der Ausgleichung [...] läuft auf folgendes hinaus: Ihr Tausende von Arbeitern, die ihr umkommt, verzagt nicht. Ihr könnt in aller Ruhe sterben. Eure Klasse wird nicht aussterben. Sie wird stets zahlreich genug sein, dass das Kapital sie dezimieren kann, ohne befürchten zu müssen, dass es sie vernichtet.   (MEW 4, 452-454)

Und so ist es jetzt in allen Ländern Europas eine Wahrheit, erwiesen für jeden vorurteilsfreien Geist und nur geleugnet durch die interessiert klugen Prediger eines Narrenparadieses, dass keine Entwicklung der Maschinerie, keine chemische Entdeckung, keine Anwendung der Wissenschaft auf die Produktion, keine Verbesserung der Kommunikationsmittel, keine neuen Kolonien, keine Auswanderung, keine Eröffnung von Märkten, kein Freihandel, noch alle diese

Dinge zusammengenommen das Elend der arbeitenden Massen beseitigen können, sondern dass vielmehr umgekehrt, auf der gegenwärtigen falschen
Grundlage, jede frische Entwicklung der Produktivkräfte der Arbeit dahin streben muss, die sozialen
Kontraste zu vertiefen und den sozialen Gegensatz
zuzuspitzen.   (MEGA I/20, 8/9; MEW 16, 9)

[B]esagt das etwa, dass die Arbeiterklasse auf ihren
Widerstand gegen die Gewalttaten des Kapitals verzichten und ihre Versuche aufgeben soll, die gelegent-
lichen Chancen zur vorübergehenden Besserung ihrer Lage auf die bestmögliche Weise auszunutzen?
Täte sie das, sie würde degradiert werden zu einer
unterschiedslosen Masse ruinierter armer Teufel, denen keine Erlösung mehr hilft.

(MEGA II/4.1, 430/431; MEW 16, 151)

Der Kampf über die gesetzliche Beschränkung der
Arbeitszeit wütete um so heftiger, je mehr er […] die
große Streitfrage traf, die Streitfrage zwischen der
blinden Herrschaft der Gesetze von Nachfrage und
Zufuhr, welche die politische Ökonomie der Mittel-
klasse bildet, und der Kontrolle sozialer Produktion
durch soziale Ein- und Vorsicht, welche die politische Ökonomie der Arbeiterklasse bildet.

(MEGA I/20, 10; MEW 16, 11)

Ein noch größerer Sieg der politischen Ökonomie der Arbeit über die politische Ökonomie des Kapitals stand bevor. Wir sprechen von der *Kooperativbewegung*, namentlich den Kooperativfabriken [...]. Durch die Tat, statt durch Argumente, bewiesen sie, dass Produktion auf großer Stufenleiter und im Einklang mit dem Fortschritt moderner Wissenschaft vorgehen kann ohne die Existenz einer Klasse von *Meistern*, die eine Klasse von »*Händen*« anwendet; dass, um Früchte zu tragen, die Mittel der Arbeit nicht monopolisiert zu werden brauchen als Mittel der Herrschaft über und Mittel der Ausbeutung gegen den Arbeiter selbst, und dass wie Sklavenarbeit, wie Leibeigenenarbeit so *Lohnarbeit* nur eine vorübergehende und untergeordnete gesellschaftliche Form ist, bestimmt zu verschwinden von der *assoziierten Arbeit,* die ihr Werk mit williger Hand, rüstigem Geist und fröhlichen Herzens verrichtet.

(MEGA I/20, 10; MEW 16, 11/12)

Aber so leicht es ist bei den englischen Arbeitern das Rationelle durchzusetzen, so sehr muss man aufpassen, sobald Literaten, Bürger oder Halbliteraten an der Bewegung partizipieren.

(An Engels, 10. Dezember 1864; MEGA III/13, 115; MEW 31, 39)

Wir können also nicht zusammengehn mit Leuten, die es offen aussprechen, dass die Arbeiter zu ungebildet sind sich selbst zu befreien und erst von Oben herab befreit werden müssen, durch philanthropische Groß- und Kleinbürger.

(MEGA I/25, 185; MEW 19, 165)

Allerdings muss die Bourgeoisie die Dummheit der Massen fürchten, so lange sie konservativ bleiben, und die Einsicht der Massen, sobald sie revolutionär werden.

(MEGA I/11, 181; MEW 8, 200)

Der eigentümliche Charakter der Sozial-Demokratie fasst sich dahin zusammen, dass demokratisch-republikanische Institutionen als Mittel verlangt werden, nicht um zwei Extreme, Kapital und Lohnarbeit, beide aufzuheben, sondern um ihren Gegensatz abzuschwächen und in Harmonie zu verwandeln.

(MEGA I/11, 124; MEW 8, 141)

Gewerkschaften tun gute Dienste als Sammelpunkte des Widerstands gegen die Gewalttaten des Kapitals. Sie verfehlen ihren Zweck zum Teil, sobald sie von ihrer Macht einen unsachgemäßen Gebrauch machen. Sie verfehlen ihren Zweck gänzlich, sobald sie sich darauf beschränken, einen Kleinkrieg gegen die Wirkungen des bestehenden Systems zu führen, statt gleichzeitig zu versuchen, es zu ändern, statt ihre organisierten Kräfte zu gebrauchen als einen Hebel zur schließlichen Befreiung der Arbeiterklasse, d.h. zur endgültigen Abschaffung des Lohnsystems.

(MEGA II/4.1, 432; MEW 16, 152)

Es ist dies würdig der Einbildung [Ferdinand] Lassalles, dass man mit Staatsanlehn eben so gut eine neue Gesellschaft bauen kann wie eine neue Eisenbahn!

(MEGA I/25, 20; MEW 19, 28)

Da Lassalle tot ist und nicht mehr schaden kann, muss man natürlich – so viel möglich, d.h. ohne sich selbst zu kompromittieren – ihn gegen diese kleinbürgerlichen Kanaillen verteidigen.

(An Engels, 25. November 1864; MEGA III/13, 82; MEW 31, 32)

So ist der durch die Arbeitszeit gemessene Wert notwendigerweise die Formel der modernen Sklaverei der Arbeiter, anstatt, wie Herr [Pierre-Joseph] Proudhon behauptet, die »revolutionäre Theorie« der Emanzipation des Proletariats zu sein.

(MEGA I/30, 254; MEW 4, 84)

Man nehme für einen Augenblick an, daß es keine Konkurrenz mehr gebe und folglich kein Mittel, das zur Produktion einer Ware erforderliche Arbeitsminimum zu konstatieren, was wäre die Folge davon? Es genügte, auf die Produktion eines Gegenstandes sechs Stunden Arbeit zu verwenden, um nach Herrn Proudhon berechtigt zu sein, beim Austausch sechsmal soviel zu verlangen wie derjenige, der auf die Produktion desselben Gegenstandes nur eine Stunde aufgewendet hat.   (MEGA I/30, 263; MEW 4, 95)

Danach beurteile man die Pfiffigkeit des kleinbürgerlichen Sozialismus, der die Warenproduktion verewigen und zugleich den »Gegensatz von Geld und Ware«, also das Geld selbst, denn es ist nur in diesem Gegensatze, abschaffen will. Ebensowohl könnte man den Papst abschaffen, und den Katholizismus bestehen lassen.   (MEGA II/5, 54; MEW 23, 102)

Alle Versuche, die Chartistenbewegung aufrechtzuerhalten oder neu zu gestalten, scheiterten vollständig, alle Pressorgane der Arbeiterklasse starben, eins nach dem andern, an der Apathie der Masse, und in der Tat, nie zuvor schien die englische Arbeiterklasse so ausgesöhnt mit einem Zustand politischer Nichtigkeit. Hatte daher zwischen den britischen und den kontinentalen Arbeiterklassen keine Gemeinsamkeit der Aktion existiert, so existierte jetzt jedenfalls eine Gemeinsamkeit der Niederlage.

(MEGA I/20, 9; MEW 16, 10)

RELIGION

Für Deutschland ist die *Kritik der Religion* im wesentlichen beendigt und die Kritik der Religion ist die Voraussetzung aller Kritik. (MEGA I/2, 170; MEW 1, 378)

Da aber das Dasein der Religion das Dasein eines Mangels ist, so kann die Quelle dieses Mangels nur noch im *Wesen* des Staats selbst gesucht werden. Die Religion gilt uns nicht mehr als der *Grund,* sondern nur noch als das *Phänomen* der weltlichen Beschränktheit. (MEGA I/2, 146; MEW 1, 352)

Das Fundament der irreligiösen Kritik ist: Der *Mensch macht die Religion,* die Religion macht nicht den Menschen. Und zwar ist die Religion das Selbstbewusstsein und das Selbstgefühl des Menschen, der sich selbst entweder noch nicht erworben oder schon wieder verloren hat. Aber *der Mensch,* das ist kein abstraktes, außer der Welt hockendes Wesen. Der Mensch, das ist *die Welt des Menschen,* Staat, Sozietät. Dieser Staat, diese Sozietät produzieren die Religion, ein *Verkehrtes Weltbewusstsein*, weil sie eine *verkehrte Welt* sind. [...] Der Kampf gegen die Religion ist also mittelbar der Kampf gegen *jene Welt,* deren geistiges *Aroma* die Religion ist. (MEGA I/2, 170; MEW 1, 378)

Das *religiöse* Elend ist in einem der *Ausdruck* des wirklichen Elendes und in einem die *Protestation* gegen das wirkliche Elend. Die Religion ist der Seufzer der bedrängten Kreatur, das Gemüt einer herzlosen Welt, wie sie der Geist geistloser Zustände ist. Sie ist das *Opium* des Volks.

(MEGA I/2, 171; MEW 1, 378)

Die Aufhebung der Religion als des *illusorischen* Glücks des Volkes ist die Forderung seines *wirklichen* Glücks. Die Forderung, die Illusionen über seinen Zustand aufzugeben, ist die *Forderung, einen Zustand aufzugeben, der der Illusionen bedarf.* Die Kritik der Religion ist also im *Keim* die *Kritik des Jammertales,* dessen *Heiligenschein* die Religion ist.

(MEGA I/2, 171; MEW 1, 379)

Wir werden uns natürlich nicht die Mühe geben, unsere weisen Philosophen darüber aufzuklären, dass die »Befreiung« des »Menschen« damit noch um keinen Schritt weiter gekommen ist, wenn sie Philosophie, Theologie, Substanz & den ganzen Unrat in das »Selbstbewusstsein« aufgelöst, wenn sie den »Menschen« von der Herrschaft dieser Phrasen, unter der er nie geknechtet war, befreit haben; dass es nicht möglich ist, eine wirkliche Befreiung anders als in der wirklichen Welt & mit wirklichen Mitteln durchzusetzen [...]. Die »Befreiung« ist eine geschichtliche Tat, keine Gedankentat. (MEGA I/5, 16)

Wie der Mensch in der Religion vom Machwerk seines eignen Kopfes, so wird er in der kapitalistischen Produktion vom Machwerk seiner eignen Hand beherrscht. (MEGA II/6, 657/568; MEW 23, 649)

Eine Ware scheint auf den ersten Blick ein selbstverständliches, triviales Ding. Ihre Analyse ergibt, dass sie ein sehr vertracktes Ding ist, voll metaphysischer Spitzfindigkeit und theologischer Mucken. Soweit sie Gebrauchswert, ist nichts Mysteriöses an ihr, ob ich sie nun unter dem Gesichtspunkt betrachte, dass sie durch ihre Eigenschaften menschliche Bedürfnisse befriedigt oder diese Eigenschaften erst als Produkt menschlicher Arbeit erhält. Es ist sinnenklar, dass der Mensch durch seine Tätigkeit die Formen der Naturstoffe in einer ihm nützlichen Weise verändert. Die Form des Holzes z. B. wird verändert, wenn man aus ihm einen Tisch macht. Nichtsdestoweniger bleibt der Tisch Holz, ein ordinäres sinnliches Ding. Aber sobald er als Ware auftritt, verwandelt er sich in ein sinnlich übersinnliches Ding. Er steht nicht nur mit seinen Füßen auf dem Boden, sondern er stellt sich allen andren Waren gegenüber auf den Kopf und entwickelt aus seinem Holzkopf Grillen, viel wunderlicher, als wenn er aus freien Stücken zu tanzen begänne. (MEGA II/6, 102; MEW 23, 85)

Es ist nur das bestimmte gesellschaftliche Verhältnis der Menschen selbst, welches hier für sie die phantasmagorische Form eines Verhältnisses von Dingen annimmt. Um daher eine Analogie zu finden, müssen wir in die Nebelregion der religiösen Welt flüchten. Hier scheinen die Produkte des menschlichen Kopfes mit eignem Leben begabte, untereinander und mit den Menschen in Verhältnis stehende selbständige Gestalten. So in der Warenwelt die Produkte der menschlichen Hand. Dies nenne ich den Fetischismus, der den Arbeitsprodukten anklebt, sobald sie als Waren produziert werden, und der daher von der Warenproduktion unzertrennlich ist.

(MEGA II/6, 103; MEW 23, 86/87)

Diese wirkliche Befangenheit spiegelt sich ideell wider in den alten Natur- und Volksreligionen. Der religiöse Widerschein der wirklichen Welt kann überhaupt nur verschwinden, sobald die Verhältnisse des praktischen Werkeltagslebens den Menschen tagtäglich durchsichtig vernünftige Beziehungen zueinander und zur Natur darstellen. Die Gestalt des gesellschaftlichen Lebensprozesses, d. h. des materiellen Produktionsprozesses, streift nur ihren mystischen

Nebelschleier ab, sobald sie als Produkt frei verge-
sellschafteter Menschen unter deren bewusster plan-
mäßiger Kontrolle steht.

(MEGA II/6, 110; MEW 23, 94)

Die Ökonomen verfahren auf eine sonderbare Art. Es
gibt für sie nur zwei Arten von Institutionen, künstliche und natürliche. Die Institutionen des Feudalis-
mus sind künstliche Institutionen, die der Bourgeoisie natürliche. Sie gleichen darin den Theologen, die
auch zwei Arten von Religionen unterscheiden. Jede
Religion, die nicht die ihre ist, ist eine Erfindung der
Menschen, während ihre eigene Religion eine Offen-
barung Gottes ist.   (MEGA I/30, 299; MEW 4, 139)

Diese ursprüngliche Akkumulation spielt in der politischen Ökonomie ungefähr dieselbe Rolle wie der
Sündenfall in der Theologie. Adam biss in den Apfel,
und damit kam über das Menschengeschlecht die
Sünde. Ihr Ursprung wird erklärt, indem er als Anek-
dote der Vergangenheit erzählt wird. In einer längst
verflossnen Zeit gab es auf der einen Seite eine flei-
ßige, intelligente und vor allem sparsame Elite und
auf der andren faulenzende, ihr alles und mehr ver-
jubelnde Lumpen, Die Legende vom theologischen
Sündenfall erzählt uns allerdings, wie der Mensch
dazu verdammt worden sei, sein Brot im Schweiß

seines Angesichts zu essen; die Historie vom ökonomischen Sündenfall aber enthüllt uns, wieso es Leute gibt, die das keineswegs nötig haben. Einerlei. So kam es, dass die ersten Reichtum akkumulierten und die letztren schließlich nichts zu verkaufen hatten als ihre eigne Haut. Und von diesem Sündenfall datiert die Armut der großen Masse, die immer noch, aller Arbeit zum Trotz, nichts zu verkaufen hat als sich selbst, und der Reichtum der wenigen, der fortwährend wächst, obgleich sie längst aufgehört haben zu arbeiten.   (MEGA II/6, 644; MEW 23, 741/742)

Atheismus, [letzte] Stufe des *Theismus*, der *negativen* Anerkennung Gottes.

(MEW 2, 116)

Nichts leichter, als dem christlichen Asketismus einen sozialistischen Anstrich zu geben. Hat das Christentum nicht auch gegen das Privateigentum, gegen die Ehe, gegen den Staat geeifert? Hat es nicht die Wohltätigkeit und den Bettel, das Zölibat und die Fleischesertötung, das Zellenleben und die Kirche an ihrer Stelle gepredigt? Der christliche Sozialismus ist nur das Weihwasser, womit der Pfaffe den Ärger des Aristokraten einsegnet.   (MEW 4, 484)

Bei dieser Tour durch Belgien, Aufenthalt in Aachen und Fahrt den Rhein herauf, habe ich mich überzeugt, dass energisch, speziell in den katholischen Gegenden, gegen die Pfaffen losgegangen werden muss. [...] Die Hunde kokettieren [...], wo es passend scheint, mit der Arbeiterfrage.

(An Engels, 25. September 1869; MEW 32, 371)

Wir wissen, dass Gewaltmaßnahmen gegen die Religion unsinnig sind. Nach unserer Auffassung wird die Religion verschwinden in dem Maße, wie der Sozialismus erstarkt. Die gesellschaftliche Entwicklung muss diesem Verschwinden Vorschub leisten, wobei der Erziehung eine wichtige Rolle zukommt.

(MEGA I/25, 435; MEW 34, 514)

Das stehende Heer und die Polizei, die Werkzeuge der materiellen Macht der alten Regierung einmal beseitigt, ging die [Pariser] Kommune sofort darauf aus, das geistliche Unterdrückungswerkzeug, die Pfaffenmacht, zu brechen; sie dekretierte die Auflösung und Enteignung aller Kirchen, soweit sie besitzende Körperschaften waren. Die Pfaffen wurden in die Stille des Privatlebens zurückgesandt, um dort, nach dem Bilde ihrer Vorgänger, der Apostel, sich von dem Almosen der Gläubigen zu nähren. Sämtliche Unterrichtsanstalten wurden dem Volk unentgeltlich ge-

öffnet und gleichzeitig von aller Einmischung des
Staats und der Kirche gereinigt.

(MEGA I/22, 139/140; MEW 17, 339)

Nebenbei bemerkt. Obgleich [Thomas Robert] Malthus Pfaffe der englischen Hochkirche, hatte er das
Mönchsgelübde des Zölibats abgelegt. [...] Dieser Um-
stand unterscheidet Malthus vorteilhaft von den andren protestantischen Pfaffen, die das katholische Ge-
bot des Priesterzölibats von sich selbst abgeschüttelt
und das »Seid fruchtbar und mehret euch« in solchem
Maß als ihre spezifisch biblische Mission vindiziert
haben, dass sie überall in wahrhaft unanständigem
Grad zur Vermehrung der Bevölkerung beitragen, während sie gleichzeitig den Arbeitern das »Populations-
prinzip« predigen.   (MEGA II/10, 553; MEW 23, 644/645)

Während die Franzosen & Engländer wenigstens an
der politischen Illusion, die der Wirklichkeit noch
am nächsten steht, halten, bewegen sich die Deutschen im Gebiete des »reinen Geistes« & machen die
religiöse Illusion zur treibenden Kraft der Geschichte.

(MEGA I/5, 48; MEW 3, 39)

Der Koran und die auf ihm fußende muselmanische
Gesetzgebung reduzieren Geographie und Ethnogra-
phie der verschiedenen Völker auf die einfache und

bequeme Zweiteilung in Gläubige und Ungläubige. Der Ungläubige ist »harby«, d.h. der Feind. Der Islam ächtet die Nation der Ungläubigen und schafft einen Zustand permanenter Feindschaft zwischen Muselmanen und Ungläubigen.

(MEGA I/13, 151/152; MEW 10, 170)

Eine der materiellen Grundlagen der *Staatsmacht* über die zusammenhangslosen kleinen Produktionsorganismen Indiens war Reglung der Wasserzufuhr. Die muhamedanischen Herrscher Indiens verstanden dies besser als ihre englischen Nachfolger. Wir erinnern nur an die Hungersnot von 1866, die mehr als einer Million Hindus in dem Distrikt von Orissa, Präsidentschaft Bengal, das Leben kostete.

(MEGA II/5, 419; MEW 23, 419)

Zur Zeit Mohammeds hatte sich der Handelsweg von Europa nach Asien bedeutend modifiziert und die Städte Arabiens, die am Handel nach Indien etc. großen Anteil nahmen, befanden sich kommerziell im Verfall, was jedenfalls mit Anstoß gab.

(An Engels, 2. Juni 1853; MEGA III/6, 180; MEW 28, 252)

Nichts gleicht aber dem Elend und den Leiden der Juden in Jerusalem, die den schmutzigsten Flecken der Stadt bewohnen, genannt Harêth-el-Yahud, im

Viertel des Schmutzes zwischen Zion und Moria, wo ihre Synagogen liegen; sie sind unausgesetzt Gegenstand muselmanischer Unterdrückung und Unduldsamkeit, von den Griechisch-Orthodoxen beschimpft, von den Katholiken verfolgt und nur von den spärlichen Almosen lebend, die ihnen von ihren europäischen Brüdern zufließen.

(MEGA I/13, 156; MEW 10, 175/176)

Die starrste Form des Gegensatzes zwischen dem Juden und dem Christen ist der *religiöse* Gegensatz. Wie löst man einen Gegensatz? Dadurch, dass man ihn unmöglich macht. Wie macht man einen *religiösen* Gegensatz unmöglich? Dadurch, dass man die *Religion aufhebt.* Sobald Jude und Christ ihre gegenseitigen Religionen nur mehr als *verschiedene Entwicklungsstufen des menschlichen Geistes*, als verschiedene von der *Geschichte* abgelegte Schlangenhäute und den *Menschen* als die Schlange erkennen, die sich in ihnen gehäutet, stehn sie nicht mehr in einem religiösen, sondern nur noch in einem kritischen, *wissenschaftlichen,* in einem menschlichen Verhältnisse.

(MEGA I/2, 143; MEW 1, 348/349)

Luther hat allerdings die Knechtschaft aus *Devotion* besiegt, weil er die Knechtschaft aus *Überzeugung* an ihre Stelle gesetzt hat. Er hat den Glauben an die Autorität gebrochen, weil er die Autorität des Glaubens restauriert hat. Er hat die Pfaffen in Laien verwandelt, weil er die Laien in Pfaffen verwandelt hat. Er hat den Menschen von der äußern Religiosität befreit, weil er die Religiosität zum innern Menschen gemacht hat. Er hat den Leib von der Kette emanzipiert, weil er das Herz in Ketten gelegt.

(MEGA I/2, 177; MEW 1, 386)

Wir dürfen nicht vergessen, dass diese kleinen Gemeinwesen durch Kastenunterschiede und Sklaverei befleckt waren, dass sie den Menschen unter das Joch äußerer Umstände zwangen, statt den Menschen zum Beherrscher der Umstände zu erheben, dass sie einen [...] Gesellschaftszustand in ein unveränderliches, naturgegebnes Schicksal transformierten und so zu jener tierisch rohen Naturanbetung gelangten, deren Entartung zum Ausdruck kam in der Tatsache, dass der Mensch [...] vor Hanuman, dem Affen, und Sabbala, der Kuh, andächtig in die Knie sank.

(MEGA I/12, 173; MEW 9, 132/133)

In der Politik darf man sich, um ein bestimmtes Ziel zu erreichen, mit dem Teufel selbst verbünden – nur muss man die Gewissheit haben, dass man den Teufel betrügt und nicht umgekehrt.

(MEGA I/11, 428; MEW 8, 392)

STAAT

Freier Staat – was ist das? Es ist keineswegs Zweck der Arbeiter, die den beschränkten Untertanenverstand losgeworden, den Staat »frei« zu machen. [...] Die Freiheit besteht darin, den Staat aus einem der Gesellschaft übergeordneten in ein ihr durchaus untergeordnetes Organ zu verwandeln, und auch heurig sind die Staatsformen freier oder unfreier im Maß, worin sie die »Freiheit des Staats« beschränken.

(MEGA I/25, 21; MEW 19, 27)

Jeder muss seine religiöse, wie seine leibliche Notdurft verrichten können, ohne dass die Polizei ihre Nase hineinstreckt. (MEGA I/25, 24; MEW 19, 31)

[...] platt, gemein, kleinlich, ermüdend, plackend, mit einem Worte Gendarm.

(MEGA I/11, 134; MEW 8, 152)

Ganz verwerflich ist eine »*Volkserziehung durch den Staat*«. Durch ein allgemeines Gesetz die Mittel der Volksschulen bestimmen, die Qualifizierung des Lehrerpersonals, die Unterrichtszweige etc., und, wie es in den Vereinigten Staaten geschieht, durch Staatsinspektoren die Erfüllung dieser gesetzlichen Vorschriften überwachen, ist etwas ganz andres, als den Staat zum Volkserzieher zu ernennen! Vielmehr sind Regierung und Kirche gleichmäßig von jedem Einfluss auf die Schule auszuschließen. Im preußisch-deutschen Reich nun gar [...] bedarf umgekehrt der Staat einer sehr rauhen Erziehung durch das Volk.

(MEGA I/25, 23/24; MEW 19, 30/31)

Nicht die *radikale* Revolution ist utopischer Traum für Deutschland, nicht die *allgemein menschliche* Emanzipation, sondern vielmehr die teilweise, die *nur* politische Revolution, die Revolution, welche die Pfeiler des Hauses stehen lässt.

(MEGA I/2, 179; MEW 1, 388)

[D]as ganze Programm[16], trotz allen demokratischen Geklingels, ist durch und durch vom Untertanenglauben der Lassalle'schen Sekte an den Staat verpestet oder, was nicht besser, vom demokratischen Wunderglauben, oder vielmehr ist es ein Kompromiss zwischen diesen zwei Sorten, dem Sozialismus gleich fernen, Wunderglauben.

(MEGA I/25, 24; MEW 19, 31)

16 »Gothaer Programm« der Sozialdemokratischen Arbeiterpartei (SDAP) vom Mai 1875.

Aber die Arbeiterklasse kann nicht die fertige Staatsmaschinerie einfach in Besitz nehmen und diese für ihre eignen Zwecke in Bewegung setzen.

(MEGA I/22, 137; MEW 17, 336)

In dem Maß, wie der Fortschritt der modernen Industrie den Klassengegensatz zwischen Kapital und Arbeit entwickelte, erweiterte, vertiefte, in demselben Maß erhielt die Staatsmacht mehr und mehr den Charakter einer öffentlichen Gewalt zur Unterdrückung der Arbeiterklasse, einer Maschine der Klassenherrschaft. Nach jeder Revolution, die einen Fortschritt des Klassenkampfs bezeichnet, tritt der rein unterdrückende Charakter der Staatsmacht offner und offner hervor.

(MEGA I/22, 137/138; MEW 17, 336)

Die moderne Staatsgewalt ist nur ein Ausschuss, der die gemeinschaftlichen Geschäfte der ganzen Bourgeoisklasse verwaltet.

(MEW 4, 464)

Wir bleiben also trotz aller Gegenversicherungen der reaktionären Bourgeoispresse dabei, dass die einzige Staatsform, der unsre europäischen Kapitalisten Vertrauen schenken, die bürgerliche Republik ist. Es gibt überhaupt nur einen Ausdruck für das bürgerliche Vertrauen auf irgend eine Staatsform: ihre Notierung an der Börse. (MEGA I/10, 461)

Glauben Sie aber nicht, meine Herren, dass, wenn wir die Handelsfreiheit kritisieren, wir die Absicht haben, das Schutzzollsystem zu verteidigen. Man kann den Konstitutionalismus bekämpfen, ohne deshalb Freund des Absolutismus zu sein. (MEW 4, 457)

Der letzte Trost der Protektionisten ist, dass das Land nicht durch fremde, sondern durch einheimische Kapitalisten exploitiert wird. (MEGA IV/5, 234)

Die Kritik der Religion endet mit der Lehre, dass der Mensch das höchste Wesen für den Menschen sei, also mit dem *kategorischen Imperativ, alle Verhältnisse umzuwerfen*, in denen der Mensch ein erniedrigtes, ein geknechtetes, ein verlassenes, ein verächtliches Wesen ist, Verhältnisse, die man nicht besser schildern kann als durch den Ausruf eines Franzosen bei einer projektierten Hundesteuer: Arme Hunde! Man will euch wie Menschen behandeln!
(MEGA I/2, 177; MEW 1, 385)

Das ökonomische Dasein des Staats sind die Steuern. [...] Beamten und Pfaffen, Soldaten und Ballettänzerinnen, Schulmeister und Polizeischergen, griechi-

sche Museen und gotische Türme, Zivilliste und Rang-
liste – der gemeinschaftliche Samen, worin alle diese fabelhaften Existenzen embryonisch schlummern,
sind die – Steuern.   (MEW 4, 348)

Von dem heutigen Tage an sind also die Steuern auf-
gehoben! Die Steuereinzahlung ist Hochverrat, die
Steuerverweigerung erste Pflicht des Bürgers!
                                                       (MEW 4, 21/22)

Es gibt wahrscheinlich keinen größeren Humbug in
der Welt als das sogenannte Finanzwesen. Die einfachsten Operationen, die Budget und Staatsschuld
betreffen, werden von den Jüngern dieser »Geheim-
wissenschaft« mit den abstrusesten Ausdrücken bezeichnet; hinter dieser Terminologie verstecken sich
die trivialen Manöver der Schaffung verschiedener
Bezeichnungen von Wertpapieren – die Umwechs-
lung alter Papiere gegen neue, die Herabsetzung des
Zinses und die Erhöhung des nominellen Kapitals,
die Erhöhung des Zinses und die Herabsetzung des
Kapitals, die Einführung von Prämien, Bonussen und
Prioritätsaktien, die Unterscheidung zwischen amortisierbaren und nicht amortisierbaren Annuitäten,
die künstliche Abstufung der Übertragungsmöglich-
keiten der verschiedenen Papiere in einer Weise, dass
das Publikum von dieser abscheulichen Börsenscho-

lastik ganz verwirrt ist und sich in der Mannigfaltig-
keit der Details ganz verliert.

(MEGA I/12, 108; MEW 9, 47)

Das ist der *cercle vicieux*[17], in dem sich unreife revolu-
lutionäre Regierungen notwendig bewegen müssen.
Sie erkennen die von ihren konterrevolutionären Vor-
gängern gemachten Schulden als nationale Verpflich-
tungen an. Um sie bezahlen zu können, müssen sie
deren alte Steuern beibehalten und neue Schulden
machen. Um neue Anleihen aufnehmen zu können,
müssen sie die »Ordnung« garantieren, das heißt,
selbst konterrevolutionäre Maßnahmen ergreifen. So
verwandelt sich die neue Volksregierung auf einmal
in einen Handlanger der großen Kapitalisten und
einen Unterdrücker des Volkes.

(MEGA I/12, 478; MEW 10, 489)

Du kannst Dir denken, wie gelegen die £ 10 kamen.
Ich hatte zwei Exekutionsdrohungen im Haus, für die
Sau-Munizipaltaxes von 6£ 9d. und für die Queen's
Taxes von 1£. 16s.

(An Engels, 2. Februar 1866; MEW 31, 182)

17 Teufelskreis

Der französische Bauer, wenn er sich den Teufel an die Wand malt, malt ihn unter der Gestalt des Steuerexekutors. (MEGA I/10, 184)

Womit will der preußische Staat nicht 5, sondern nur 3⅓ Prozent zahlen? Mit neuen Steuern. Und wenn die gewöhnlichen Steuern nicht ausreichen, wie vorherzusehen ist, mit einer neuen Zwangsanleihe. Und womit die Zwangsanleihe Nr. II? Mit einer Zwangsanleihe Nr. III. Und womit die Zwangsanleihe Nr. III? Mit dem Bankerutt. (MEW 5, 303)

Im Jahr 1866 starben in der einzigen Provinz Orissa *mehr als eine Million Hindus am Hungertod.* Die Hungersnot währt bis zu diesem Augenblick. Nichtsdestoweniger suchte man die indische Staatskasse zu bereichern durch die Preise, wozu man den Verhungernden Lebensmittel abließ. (MEGA II/5, 603)

Die Waren können nicht selbst zu Markte gehn und sich nicht selbst austauschen. [...] [Die Warenhüter] müssen sich daher wechselseitig als Privateigentümer anerkennen. Dies Rechtsverhältnis, dessen Form der Vertrag ist, ob nun legal entwickelt oder nicht, ist ein Willensverhältnis, worin sich das ökonomische Verhältnis widerspiegelt. Der Inhalt dieses Rechts- oder Willensverhältnisses ist durch das ökonomische Verhältnis selbst gegeben. Die Personen existieren hier nur füreinander als Repräsentanten von Ware und daher als Warenbesitzer.

(MEGA II/6, 103/104; MEW 23, 99)

[Frederic Morton] Eden hätte fragen sollen, wessen Kreatur sind denn »die Zivilinstitutionen«? Vom Standpunkt der juristischen Illusion betrachtet er nicht das Gesetz als Produkt der materiellen Produktionsverhältnisse, sondern umgekehrt die Produktionsverhältnisse als Produkt des Gesetzes. Linguett warf Montesquieu's illusorischen »Esprit des Lois« mit dem einen Wort über den Haufen: »L'esprit des lois, c'est la propriété«.   (MEGA II/6, 563; MEW 23, 643/644)

Dies *gleiche* Recht ist ungleiches Recht für ungleiche Arbeit. Es erkennt keine Klassenunterschiede an, weil jeder nur Arbeiter ist wie der andre; aber es erkennt stillschweigend die ungleiche individuelle Begabung und daher Leistungsfähigkeit der Arbeiter als natürliche Privilegien an. *Es ist daher ein Recht der Ungleichheit, seinem Inhalt nach, wie alles Recht.*

(MEGA I/25, 14; MEW 19, 21)

Das Recht kann nie höher sein als die ökonomische Gestaltung und dadurch bedingte Kulturentwicklung der Gesellschaft.   (MEGA I/25, 15; MEW 19, 21)

Den bürgerlichen Ökonomen schwebt nur vor, dass sich mit der modernen Polizei besser produzieren lasse als z. B. im Faustrecht. Sie vergessen nur, dass auch das Faustrecht ein Recht ist und dass das Recht des Stärkeren unter andrer Form auch in ihrem »Rechtsstaat« fortlebt. (MEGA II/1, 25; MEW 42, 23)

Es ist eben schwer, wenn nicht gar unmöglich, ein Prinzip aufzustellen, womit man die Berechtigung und Zweckmäßigkeit der Todesstrafe in einer auf ihre Zivilisation stolzen Gesellschaft zu begründen vermöchte. Man hat die Strafe gemeinhin verteidigt als ein Mittel zur Besserung oder zur Einschüchterung. Aber welches Recht hat man, mich zu strafen, um andere zu bessern oder einzuschüchtern? Außerdem gibt es so etwas wie die Statistik, und es gibt die Geschichte, und beide beweisen voll und ganz, dass die Welt seit Kain durch Strafen weder gebessert noch eingeschüchtert worden ist.

(MEGA I/12, 25; MEW 8, 507)

Wenn wir die Dinge offen aussprechen und auf alle Umschreibungen verzichten, so ist die Strafe nichts anderes als ein Verteidigungsmittel der Gesellschaft gegen die Verletzung ihrer Lebensbedingungen, was auch immer deren Inhalt sein mag. – Was für eine Gesellschaft ist das aber, die kein besseres Instrument ihrer Verteidigung kennt als den Scharfrichter und die [...] ihre Brutalität als ewiges Gesetz verkünden lässt? (MEGA I/12, 26; MEW 8, 508)

Hier in der bürgerlichen Republik, die weder den Namen *Bourbon* noch den Namen *Orléans* trug, sondern den Namen *Kapital,* hatten sie die Staatsform gefunden, worunter sie *gemeinsam* herrschen konnten. (MEGA I/11, 114; MEW 8, 131)

Die Zivilisation und Gerechtigkeit der Bourgeoisordnung tritt hervor in ihrem wahren, gewitterschwangern Licht, sobald die Sklaven in dieser Ordnung sich gegen ihre Herren empören. Dann stellt sich diese Zivilisation und Gerechtigkeit dar als unverhüllte Wildheit und gesetzlose Rache. Jede neue Krisis im Klassenkampf zwischen dem Aneigner und dem Hervorbringer des Reichtums bringt diese Tatsache greller zum Vorschein. Selbst die Scheußlichkeiten der Bourgeois vom Juni 1848 verschwinden vor der unsagbaren Niedertracht von 1871. [...] Eine ruhmvolle Zivilisation in der Tat, deren Lebensfrage darin besteht: wie die Haufen von Leichen loswerden, die sie mordete, nachdem der Kampf vorüber war!

(MEGA I/22, 153; MEW 17, 355/356)

Um ein Seitenstück zu finden für das Benehmen des [Adolphe] Thiers und seiner Bluthunde, müssen wir zurückgehn zu den Zeiten des Sulla und der beiden römischen Triumvirate. Dieselbe massenweise Schlächterei bei kaltem Blut; dieselbe Missachtung, beim Morden, von Alter und Geschlecht; dasselbe System, Gefangne zu martern; dieselben Ächtungen, aber diesmal gegen eine ganze Klasse; dieselbe wilde Jagd nach den versteckten Führern, damit auch nicht einer entkomme; dieselbe Angeberei gegen politische und Privatfeinde; dieselbe Gleichgültigkeit bei der Niedermetzlung von dem Kampf ganz fremden Leuten. Nur der eine Unterschied ist da, dass die Römer noch keine Mitrailleusen hatten, um die Geächteten schockweise abzutun, und dass sie nicht »in ihren Händen das Gesetz« trugen, noch auf ihren Lippen den Ruf der »Zivilisation«.

(MEGA I/22, 153/154; MEW 17, 356)

Man begreift sogleich, dass in einem Lande wie Frankreich, wo die Exekutivgewalt über ein Beamtenheer von mehr als einer halben Million von Individuen verfügt, also eine ungeheure Masse von Interessen und Existenzen beständig in der unbedingtesten Abhängigkeit erhält, wo der Staat die bürgerliche Gesellschaft von ihren umfassendsten Lebensäußerungen bis zu ihren unbedeutendsten Regungen hinab, von ihren allgemeinsten Daseinsweisen bis zur Privatexistenz der Individuen umstrickt, kontrolliert, maßregelt, überwacht und bevormundet, wo dieser Parasitenkörper durch die außerordentlichste Zentralisation eine Allgegenwart, Allwissenheit, eine beschleunigte Bewegungsfähigkeit und Schnellkraft gewinnt [...], dass in einem solchen Lande die Nationalversammlung mit der Verfügung über die Ministerstellen jeden wirklichen Einfluss verloren gab, wenn sie nicht gleichzeitig die Staatsverwaltung vereinfachte, das Beamtenheer möglichst verringerte, endlich die bürgerliche Gesellschaft und die öffentliche Meinung ihre eignen von der Regierungsgewalt unabhängigen Organe erschaffen ließ.

(MEGA I/11, 132; MEW 8, 150)

Am 2. Dezember wird die Februar-Revolution eskamotiert durch die Volte eines falschen Spielers, und was umgeworfen scheint, ist nicht mehr die Monarchie, es sind die liberalen Konzessionen, die ihr durch jahrhundertlange Kämpfe abgetrotzt waren. Statt dass die *Gesellschaft* selbst sich einen neuen Inhalt erobert hätte, scheint nur der *Staat* zu seiner ältesten Form zurückgekehrt, zur unverschämt einfachen Herrschaft von Säbel und von Kutte. [...] Wie gewonnen, so zerronnen. (MEGA I/11, 101; MEW 8, 118)

HINWEIS ZU DIESER AUSGABE

Die Rechtschreibung wurde leicht modernisiert.

Der Nachweis der Zitate erfolgt nach folgenden Ausgaben:

MEGA = Marx-Engels-Gesamtausgabe. Berlin 1975 ff. (noch nicht abgeschlossen)

MEW = Marx-Engels-Werke, Bd. 1-43. Ergänzungsband. 1.2. Berlin 1957-1990.

Marx'sche Werke, Briefe und Exzerpte werden im Rahmen der MEGA zunehmend auch online veröffentlicht unter megadigital.bbaw.de.

»Entwurf über Friedrich List« – Karl Marx: Entwurf über das Buch von Friedrich List »Das nationale System der politischen Ökonomie«. In: Beiträge zur Geschichte der Arbeiterbewegung. Berlin 1972. H. 3. S. 423-446.

»Vom Selbstmord« – Karl Marx: Vom Selbstmord. Hrsg. und eingeleitet von Kevin Anderson und Eric A. Plaut, Vorwort von Michael Löwy. Köln 2001.

NACHWORT

Karl Marx ist bekannt für sein Hauptwerk *Das Kapital* (1867), von dem er den ersten Band zu Lebzeiten veröffentlichen konnte. Hier versuchte Marx eine Theorie und Kritik der kapitalistischen Produktionsweise, die noch in den Kinderschuhen steckte, als er 1818 in Trier geboren wurde. Als Student in Berlin war Marx Anhänger einer religionskritischen Philosophie, ehe er wegen seiner Beteiligung an der 1848er Revolution in die Emigration nach London gezwungen wurde, wo er den Rest seines Lebens verbrachte. Weil die Wissenschaft der politischen Ökonomie in Großbritannien weiter entwickelt war als in Deutschland, erschien Marx die Bibliothek des British Museum in London ein »günstiger Standpunkt« zur Ausarbeitung des *Kapital*.

Obgleich *Das Kapital* vor rund 150 Jahren erschien, überrascht es heutige Leser mit seiner Aktualität. Die Beschreibung der Finanzmarktblasen und der gesundheitsgefährdenden Arbeitsplätze, die Analyse des zunehmenden Einsatzes von Maschinen, der Arbeitslosigkeit erzeugt, und der wiederkehrenden Wirtschaftskrisen, die wüten wie die mittelalterlichen Pestepidemien – all das klingt, als wäre es erst gestern formuliert worden. Daneben prangert Marx den Raubbau an der Natur an, sinniert über die Aussichten auf eine »höhere Form der Familie und des Verhältnisses beider Geschlechter« und schreibt der Arbeiterbewegung ins Stammbuch, dass die »Arbeit in weißer Haut [...] sich nicht dort emanzipieren [kann], wo sie in schwarzer Haut gebrandmarkt wird«. Und wer Marx' Ausführungen zum Autokraten Napoleon III liest oder seine Kritik an Sozialisten vernimmt, die mit obskuren Geld- oder harmlosen Steuerreformen aufwarten, fühlt sich unweigerlich an die zeitgenössische Politik erinnert.

Zwar liefert *Das Kapital* keine Blaupause für eine kommunistische Gesellschaft, aber als wichtigster Theoretiker des Kommunismus gilt Marx einigen als eine Art Vorläufer Stalins. Tatsächlich jedoch war er ein großer Kritiker des Zwangsapparats namens Staat – inklusive Rechts- und Strafsystem, Polizeiunwesen und bürokratischem Fachidiotismus. Überdies bezog sich Marx positiv auf den Wert der »Freiheit«. Individuelle Freiheit – verstanden als Abwesenheit von Zwang sowie Verfügung über die eigene Lebenszeit – ist das Ziel der von Marx für möglich gehaltenen kommunistischen Gesellschaft, die er meistens unter dem wohlklingenden Namen »Assoziation freier Individuen« beschrieben hat.

In der kapitalistischen Produktionsweise hingegen leiden die Menschen laut Marx unter einer doppelten Unfreiheit. Um des eigenen Überlebens willen zur Arbeit gezwungen – also dazu, die ohnehin knappe Lebenszeit als fremdbestimmte Arbeitszeit unter dem Kommando des Kapitals zu verbringen und sich dabei vermutlich physisch, psychisch oder geistig zu ruinieren –, vollzieht sich die Unfreiheit (im besten Fall) durch die bloß formelle »Freiheit« zur Zwangsentscheidung, zu welchem Arbeitsvertrag Ja zu sagen ist. Außerdem ist die Produktion nicht zum Zweck der Menschen und ihrer Wünsche und Bedürfnisse eingerichtet, sondern über den Individuen herrscht der unkontrollierte und blinde Sachzwang, aus Geld mehr Geld machen zu müssen. Es ist dieser verrückte Produktionszweck, der nach Marx eine Welt des Mangels inmitten von Überfluss, voller Steuerbehörden und verschuldeter Staaten, verunreinigter Flüsse und erschöpfter Böden, gefangener Tiere und »freier« Lohnarbeiter, physisch ruinierter Stadt- und geistig verarmter Landbewohner hervorruft.

Die »Assoziation freier Individuen« dagegen, die Marx gegen das Kapitalverhältnis gehalten hat, dürfte nicht auf der Lohn- oder einer anderen Art der Sklaverei beruhen, müsste ihren Stoffwechsel mit der Natur auf eine Weise regeln, die diese nicht zerstört, bräuchte keinen staatlichen Gewaltapparat und hätte als Produktionszweck nicht die Plusmacherei, sondern die Bedürfnisbefriedigung und die Bereitstellung möglichst viel freier Zeit für ihre Mitglieder zu setzen.

Als eine besondere Misere innerhalb der allgemeinen stellte sich für Marx die »deutsche« dar, die ihn vor allem in seinem Frühwerk beschäftigt hat. Den bürgerlichen Revolutionen in England und Frankreich nur als grantige Nachbarn beiwohnend, lernten die deutschen »Intellektuellen« die neue materielle Welt zu verachten. Um diese Ohnmachtserfahrung zu kaschieren, hat sich hierzulande der Glaube, dass die Welt allein durch Ideen und Gedanken, »Kultur« und »Religion« bewegt wird, als »deutsche Ideologie« festgesetzt. So konnte sich der Kapitalismus in Deutschland nur mithilfe antikapitalistischer Phrasen etablieren, wie sie in dem von Marx vehement zurückgewiesenen Protektionismus Friedrich Lists zum Ausdruck kommen. Vielleicht hört das Kind aus diesem Grund noch heutzutage auf den Euphemismus »soziale Marktwirtschaft«.

Mit großem Weitblick hat Marx die langfristige gesellschaftliche Entwicklung analysiert. Auf kapitalistische Zwecke reduziert, so Marx, können noch die größten Potentiale der technologischen Entwicklung und menschlichen Kreativität nicht verwirklicht werden, sondern schlagen in Destruktion um. Die löbliche Reduktion der zur Herstellung eines Produkts notwendigen Arbeitszeit, für die das Kapital durch die beständige Einführung neuer Maschinerie und Technologie ganz gegen seine Absicht sorgt, wird zu einem Problem für das Kapital selbst (und damit für uns alle), da die Vernutzung der Arbeitskraft im Produktionsprozess seine einzige Quelle bleibt. Doch wenn das System der Lohnarbeit bestehen bleibt, folgt aus dem Überflüssigwerden der Arbeit nicht die individuelle Befreiung, sondern das Überflüssigwerden der Menschheit. Marx ist angesichts dieser zivilisationsbedrohenden Dynamik weder in Pessimismus oder Misanthropie verfallen, noch hat er nostalgisch die Vergangenheit oder romantisch die Natur verklärt, auch keine Zuflucht in religiösen Illusionen oder nationalem Chauvinismus, keine Kompensation in Hass auf Frauen oder »Fremde« gesucht, sondern optimistisch die Überwindbarkeit dieser Übel in der »Assoziation freier Individuen« in Aussicht gestellt.